足利義政

日本美の発見

ドナルド・キーン
角地幸男 訳

中央公論新社

足利義政木像（提供・慈照寺）

夏珪(伝)「山水図」(東京国立博物館蔵)

能阿弥「四季花鳥図屏風」(出光美術館蔵)

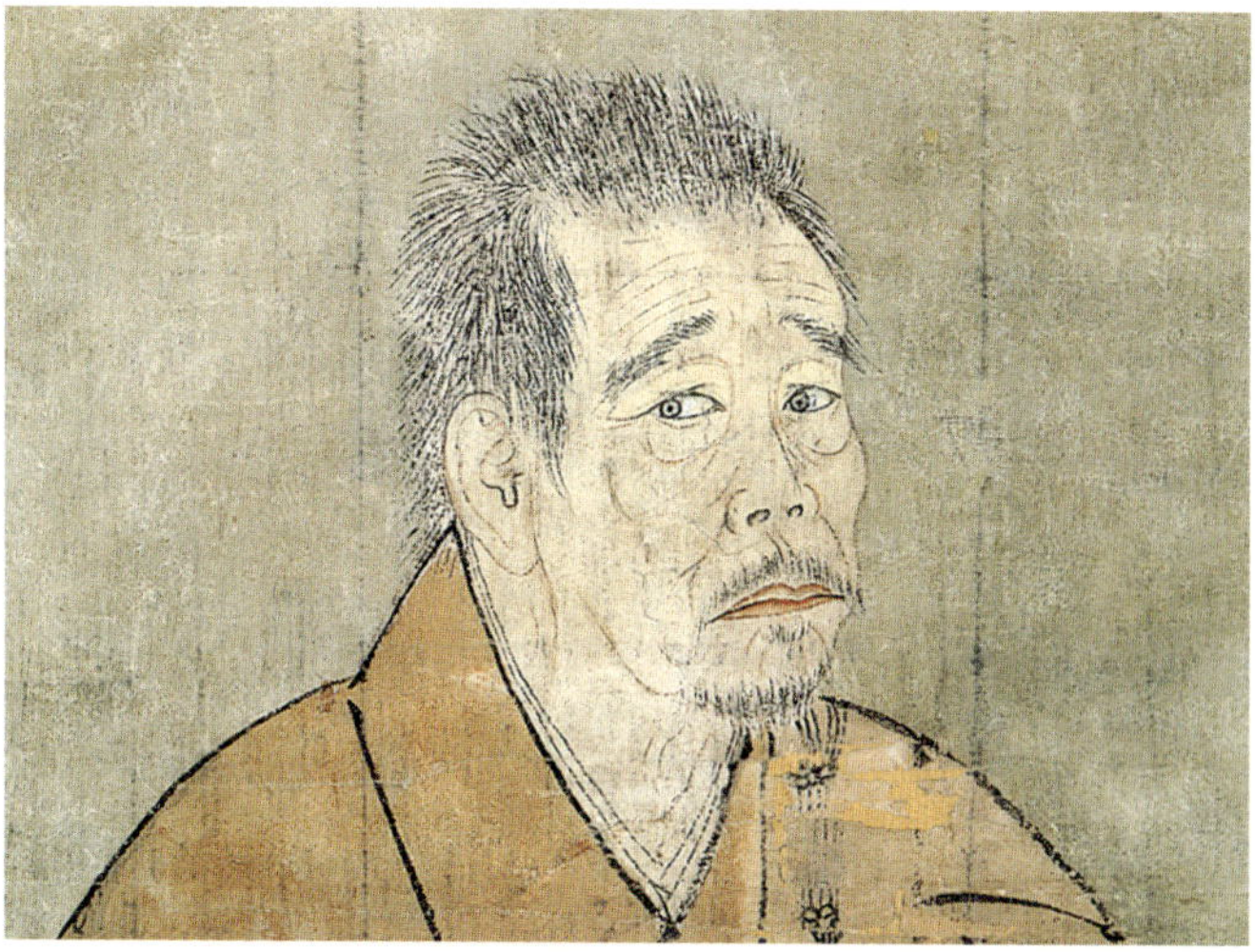

墨斎「一休宗純像」（東京国立博物館蔵）

狩野正信「足利義尚像」（地蔵院蔵）

雪舟「天橋立図」（京都国立博物館蔵）

（上）萌黄地竹屋町菱蜻蛉単法被（観世宗家所蔵、撮影・金子桂三）
（下）足利将軍拝領写し花ニ虫尽シ文様長絹（金剛宗家所蔵、撮影・金子桂三）

青磁茶碗　銘馬蝗絆（東京国立博物館蔵）

西芳寺庭園（撮影・中田昭）

東求堂「同仁斎」（提供・慈照寺）

銀閣（撮影・中田昭）

足利義政　日本美の発見

目次

嶋中鵬二の霊に捧ぐ

足利義政

日本美の発見

序章　東山時代と燻し銀の文化

昭和二十八年（一九五三）、初めて京都に住んだ時、よく近くの等持院《とうじいん》まで出かけた。住まいの隣が学校で、そこの子供たちの喧騒から逃れるためだった。寺は当時、打ち捨てられたも同然で、絶えて僧を見たことがなかったが、聞くところによると同じ臨済宗天竜寺から毎週一人が来ているとのことだった。寺で会った人間と言えば、大学受験に備えて勉強している数人の若者だけだった。寺は荒れ放題で、ひょろ長い雑草が建物や門の屋根のいたるところに伸び、有名な狩野山楽《かのうさんらく》の作と伝えられる襖絵《ふすまえ》は染みで汚れて破け、特に金具のまわりがひどかった。ここで訪問者を見たという記憶はないが、近くの竜安寺の名高い石庭は、当時でさえ内外の観光客がひっきりなしに訪れていた。等持院は、騒音その他に邪魔されずに勉強するにはもってこいの場所だった。

本堂とは別に寺には、たとえば漢字の「心」の字をかたどった小さな池があった。同じような池は、他の禅寺の境内にも見かけられた。おそらく「心」の意味の一つである自分の頭を使って考えることは、禅仏教でとりわけ重要なことだったからではないかと思われる。池のみならず建築物、庭、塀など、現在の寺の全容は、初めて等持院を知った時よりはるかに魅力的に見える。しかし私は、打ち捨てられたまま詩的情趣に富んでいた当時の寺を懐かしく思い出す。

この寺が十四世紀に洛北衣笠山の麓に建立されたのは、室町幕府の初代将軍である足利尊氏《あしかがたかうじ》（一三〇五―五八）の祈願成就によるものだった。等持院の庭にある目立たぬ尊氏の墓石は荘厳さからは程遠く、十四世紀から十六世紀にかけて日本を支配した幕府の基礎を築いた人物の墓とは到底思えない。江戸幕府を開いた徳川家康を祀るために日光に建てられた凝った造りの霊廟とは、もとより比較すべくもない。

近年、観光名所としての等持院の魅力を高めるために、さまざまな工夫が凝らされてきた。本殿の内装は一新され、襖絵は今や防護ガラスの向こうにある。庭は、私がかつて見た時よりはるかに広い範囲にわたって一般に公開されるようになった。寺の外観は五十年前より確かに明るくなったし、寺で売っている絵葉書は庭に咲く四季折々の花々や紅葉の美しさを語っている。私は五十年前、ここで花や紅葉を見たという記憶がない。そのせいか、美しい絵葉書と足利将軍たちの暗い実像とを結びつけることにいささか困難を覚える始末である。しかし、一つの小さな建物だけが昔覚えているそのままの姿で残っていた。歴代の足利将軍たちが祀られている霊光殿である。

日本で書いた最初の原稿の一つに、私は霊光殿のことを書いた。それが当時の私に強烈な印象を与えたからで、焼けつくような京都の夏のさなかでも、そこは冷えびえしている、と私は書いた。おそらく、意識して誇張したに違いない。しかし最近の訪問でやはり私が感じたのは、堂内の両側に居並ぶ等身大の坐像から発散される不気味な冷気だった。中でも木像のガラスの眼玉は、見る者の心を落ちつかなくさせる。訪問者など眼中にないかのように、いずれの顔も薄暗い堂内に光る眼で瞬きもせずまっすぐ前を凝視している。その視線は揺るぎなく、また過去を忘れることなく数世紀前を見通しているようだった。

日本に来る前、すでに私は（近代以前の日本史概論を教えていたので）三人の足利将軍の名前を知っていた。尊氏、義満《よしみつ》、義政《よしまさ》である。私は尊氏が嫌いで、それは尊氏が後醍醐《ごだいご》天皇の大義を不忠にも裏切ったと解釈していたからだった。皇位を保持しようとする後醍醐の不運な闘いは、少なくとも私にとっては悲劇的な魅力をたたえていた。

私は義満の方にはるかに好感を持っていて、義満は世阿弥《ぜあみ》と能楽の偉大なる庇護者だった（ほどなく私は、今熊野神社の境内の近所に住まいを移した。そこは、まだ十代の若者だった義満が初めて世阿弥の演じる姿を見たところだった。当時の私は、よく思ったものだった。神社の敷地にある大きな楠の古木が口をきいて、最初に出会った者たちのことを語ってくれないものだろうか、と）。私が義満の名をよく知っていたのは、義満が明《みん》国の朝廷に送った書簡のせいもあった。書簡の中で義満は、明国皇帝から賜った「日本国王」という呼称を容認した。

明国から与えられた尊号をそのまま受け入れたということは、すなわち日本の将軍である義満が明国皇帝の臣下に過ぎないということを意味した。これが原因で義満は、日本の皇室の神格を重んじる者たちの憎しみを買うことになった。皇室の尊厳を踏みにじろうとする一将軍を、彼らは断じて許すことができなかった。

義満に対する憎悪は、明治維新直前の数年間に特に強まった。文久三年(一八六三)二月、神道の国学者平田篤胤《ひらたあつたね》を信奉する九人の男が等持院に押し入り、最初の三人の足利将軍、すなわち尊氏、義詮《よしあきら》、義満の木像の首を斬り落とした。木像の首は、賀茂の河原に晒《さら》された。「志士」によって斬首された「国賊」の首を晒すことは幕末の慣いで、これはそれに従ったものだった。それぞれの首には、悪党としての罪状を列挙した張紙が添えられていた。義満が自ら進んで「日本国王」の肩書を受け入れたことは、おそらく、中でも最悪の罪と見なされたに違いない。

等持院にある歴代の足利将軍の彫像(徳川家康の彫像もそうだが)は、彫刻としてとりわけ傑出しているわけではない。しかし一様に堂々として、恐ろしげでさえある。これらの彫像を作ったのが誰であるかは知られていないが、おそらく十七世紀の頃の作品ではないかと思われる。一見したところ、どの将軍も非常に似通っている。彫刻家(あるいは、おそらく複数の彫刻家)は、実在する肖像画に頼って、それぞれの目鼻だちに個性を出そうと試みたに違いない。しかし顔だけ見て、たとえば凶暴な専制君主の義教《よしのり》と、物腰穏やかな義政との性格の違いを見分けるのは難しい。

斬首された木像の首は、私が見た時にはすでに胴体に戻っていた。三つの首の中で、義満の首は最も強烈な印象を放っていた。尊大な怖い顔つきで口はへの字に曲がり、眼はこちらを睨みつけている。義満の顔は、繊細で雅量のある能楽の庇護者というよりは、尊大な暴君といった感じである。もっとも、これは驚くにはあたらない。芸術に対する関心とはまったく別に、義満は日本史上最強の権力者の一人だった。半世紀以上にもわたって国を分断していた南北朝が明徳三年（一三九二）に再統一されて以後、義満は事実上の日本の支配者だった。学者の中には、義満の野心が将軍職さえも越えて皇位を簒奪《さんだつ》するつもりでいたと考える者もいる。(1)義満は事実、法皇の待遇を与えられていた。

義満が将軍だった時代は、政治的な意味で室町時代の最盛期だった。将軍は、諸大名や天皇の干渉を受けることなく国を支配した。天皇そのものが、かろうじて容認されている存在だった。宮廷貴族である公家たちは、自分たちのような高貴な身分でない者に内心どれほどの反感を抱こうとも将軍に媚びへつらった。

将軍の絶対的な権威は、嘉吉元年（一四四一）の足利義教の暗殺によって終止符を打たれた。その後継者たちの時代に将軍の権力は着実に衰退し、応仁の乱にいたってほとんど消滅した。権力は、地方の守護大名たちの手に移った。足利義政は、東山山荘の普請が始まった文明十四年（一四八二）、息子の義尚《よしひさ》に宛てた書簡の中で次のように嘆いている。「大名ども雅（我）意にまかせて下知に応ぜざるの上は、御成敗あるべきことこれなし」、大名たちが好き勝手なことをして命令に従わない以上、政治の世界に戻ったところで仕方がない、と。(2)

霊光殿に祀られている義満やその前後の足利将軍の彫像の前を行き来しながら、よく立ち止まっては少年将軍足利義勝《よしかつ》（一四三四―四三）の彫像に見入ったものだった。その顔と木像の大きさから明らかなように、死んだ将軍の仲間入りをした時の義勝はまだ子供だった。しかし他の将軍たちと同じように、義勝はまっすぐ前を凝視している。右手に笏《しゃく》を握った姿は、若々しいが決して子供っぽくはない。私は（歴史書にわざわざ確認しないで）直感的に、義勝は将軍としての地位を望む誰か、おそらく悪辣《あくらつ》な叔父にでも殺されたのではないかと思った。しかし、後で知ったように義勝は赤痢で死んだのだし、毒や短刀で殺されたのではなかった。

足利義政の彫像は私が覚えている限り、まったく何の反応も引き起こさなかった。しかし顔は十分独特だったし、眼と眼の間が狭く、口は小さく弱々しげで、薄い顎鬚は義満の豊かな頬髯とは対照的だった。私は、義政については知らないに等しかった。義政が銀閣寺をつくったこと、応仁の乱の時の将軍であったことは日本史の本で読んで知っていたが、それが私の知識のすべてと言ってよかった。その後、私は、数々の欠点にもかかわらず義政は日本文化史において中枢を占める人物だと考えるようになった。

続く二年間、私は京都の数多くの寺を訪れることになった。訪れるたびに聞かされたことは、かつては壮麗そのものだった寺の建物が応仁元年（一四六七）から文明九年（一四七七）まで続いた応仁の乱の戦火で破壊されたということだった。京都で応仁の乱による荒廃を免れたものは、ほとんどなかったようだった。数年後、私は、京都の旧市内にあって奇蹟的に応仁の乱を生き延びた三つの寺——三十三間堂、六波羅蜜寺《ろくはらみつじ》、千本釈迦堂《せんぼんしゃかどう》についてエッセイを書いた。残りの寺はすべて無意味な戦争——勝利もなく、はっきりした決着すらつかなかった——の戦闘のさなかに、消え失せてしまったのだった。

　応仁の乱の特徴は、交戦中の軍勢の間で忠誠が目まぐるしく入れ替わったことだった。さまざまな陰謀や裏切りが、時代史の専門家によって詳細に跡付けられている。しかし普通の読者にとっては、戦争に参加した者たちの功績どころか、その人物の名前さえ覚えることは困難である。戦乱による凄まじい破壊について読んだ読者は、その絶え間ない破壊がこの国の文化を荒廃させたのではないかと想像しがちである。事実は、まさにその反対だった。義政の山荘が京都の東山にあったことからそう呼ばれるようになった「東山文化」は、応仁の乱の灰燼の中から不死鳥のように蘇った。それは極めて豊潤であったばかりでなく、今日にいたってもなお失われることのない痕跡を日本文化に残したのだった。

　私は初めて日本を訪ねる前に、次のようなことを読んだ覚えがあった。足利義政は戦闘が行なわれている間もなお自分の御殿に住み続け、そこはおそらく戦闘の現場からほんの百メートルしか離れていないところだった。義政はそこで、のどかに茶の湯を楽しみ、庭園を愛で、蒐集した中国の山水画を眺めて楽しんでいた、というのである。私は、子供の頃に読んだ物語を思い出した。それによれば背徳のローマ皇帝ネロは、ローマが焼けている時もなおバイオリンを奏でていたというのだった。現在の私はネロがバイオリンを奏でていたということを信じないし、この楽器がネロの時代に存在したということさえ疑問に思っている。しかし義政が戦乱に背を向け、塀の外の戦闘や苦しみにはほとんど無関心なまま、御殿の中で自分が育んだ美の快楽に没頭していたという事実を疑う理由は何もない。

後年、特に日本文学の歴史を書いていた時、私は何度も応仁の乱のことを考える機会があった。それも京都の町にもたらされた破壊についてではなく、戦乱のおかげで京都の文化が遠い地方へと伝播《でんぱ》していった事実についてだった。歌人、絵師らは戦闘を避けて都から逃げ、地方の有力者に庇護を求めた。歌人たちは自分の庇護者に、十世紀の和歌集『古今集』や『源氏物語』など過去の文学作品の手ほどきをした。これらの文学作品は、あらゆる教養人にとって根本的に重要なものと見なされていた。しかし歌人たちの力点は、おそらくそれ以上に同時代の詩歌の規則を教えることにあったと思われる。

とりわけ歌人たちが教えたのは、古典的な歌形式である和歌よりもむしろ、当時最も人気のあった連歌だった。連歌は、今はやりという同時代的性格のために地方の大名に人気があっただけではなかった。彼らは都から来た有名な歌人と対等の条件で、一緒に連歌を作るという体験を楽しんだのだった。厳粛な面持ちで「有心《うしん》」連歌を作ることに数時間を過ごした後、滑稽味ある「無心《むしん》」連歌によってくつろいだ雰囲気が醸しだされることになった。酒肴が、その手助けをしたことは言うまでもない。地方の大名にそれなりの連歌を作る手ほどきをしたお返しに、歌人たちは数ヵ月ないしは数年にもわたる歓待を受けることができた。

この時代の独特の文学芸術だった連歌を義政の時代に実践したのは二人の偉大な連歌師、宗祇《そうぎ》と心敬《しんけい》だった。この二人を始めとする連歌師たちは、応仁の乱の最悪の時期でさえ、なお連歌を作り続けた。もっとも、その活動の多くは京都を離れた土地で行なわれた。連歌は、何人かの参加者による一篇の長い歌だった（あるいは、時には一人の人物が自分自身と詠みかわす形で作られた）。中国にも似たような例はあったが、連歌は日本独自の歌形式だった。連歌では、複数の歌人（三人が多かった）が順番に十七文字と十四文字の歌を交互に詠み合う。それぞれの歌人は、自分自身のいわば声を保持しつつ、銘々が適切と思う方向に自由に流れを変えることができた。しかし最終的には、他の参加者と協力する形で申し分のない統一体を作り上げることになるのだった。

規則に厳密に従って連歌を作ることは、もはや今日では一握りの学者や好古の士を除いては大して興味のないことである。しかし、一篇の長い詩を複数の人間が作るという着想（通例、昔の規則は無視される）は、近年では日本以外の国々でも盛んに取り入れられている。そして連歌の発句から生まれた俳句にいたっては、あらゆる日本の詩形式の中で最も人気のある地位を占めている。

主に禅僧によって作られた漢詩もまた、東山時代を通じて重要な文学的位置を占めていた。

中でも奇人として知られた禅僧の一休宗純《いっきゅうそうじゅん》（一三九四―一四八一）の漢詩は、特に光っている。一方、歌を作ることよりも人を改宗させることに関心があった僧たちは、戦乱と死の時代に自分たちが活躍する肥沃な大地を見出した。本願寺の僧である蓮如《れんにょ》（一四一五―九九）は、特に「御文《おふみ》」で知られていた。その中で蓮如は、簡単な言葉を使って阿弥陀仏の信仰による救いの本質を説いている。

能楽が栄えたのは、この時代だった。最高の能楽師である世阿弥は、甥の音阿弥《おんあみ》の芸を贔屓《ひいき》にした暴君足利義教によって流罪に処されたが、世阿弥が死期（一四四三）近くに書いた作品は能楽の最高傑作の中に入っている。世阿弥の息子元雅《もとまさ》、女婿の金春禅竹《こんぱるぜんちく》など能作者としての後継世代は、能楽に一層の深みを加えた。能の各流派は本物の原本をきちんと保存し、忠実に演じていると主張するが、世阿弥の死後一世紀の間に能の脚本には数々の手直しが行なわれた。しかし、多くのことが変わらないまま続いていることも事実だった。今日なお見られる能楽独特の厳粛で無駄のない表現の雰囲気は、おそらく世阿弥を驚かせるようなことはないだろうと思われる。室町時代に作られた能面は今なお使われているし、舞台の出来栄えに応じて将軍から能楽師に賜った衣裳は、秘蔵されているだけでなく後世の衣裳の手本として役立っている。

能舞台の飾りのない造り自体が、当時の美意識の理想となっていた簡素を象徴するものだった。東山時代の典型的な建築は書院造として知られるが、これが伝統的な日本建築と考えられるものに発展していった。この時代の建物を取り囲む庭園は同じく、後世の庭の手本となった。

偉大な雪舟《せっしゅう》を始めとする絵師たちは都と地方の両方で活躍したが、戦闘による破壊のため都で仕事を続けることは難しくなっていた。絵師たちは、どちらかと言えば平安時代の典型的な様式である色彩鮮やかな絵巻よりは、当時中国で流行していた水墨画を好む傾向にあった。彼らは一般に描写的手法よりむしろ象徴的手法を採用した。すべてにわたって精密な描写よりも、何本かの線、ないしは幾つかの墨の染みが、よりよく風景の本質を伝えることができると考えたのだった。都から田舎へ難を避けた芸術家たちが文学や絵画の理想を伝播させたことによって、芸術に関心を抱く日本中の誰もが共有し得る文化というものが、ここに初めて生み出されたのだった。

東山文化の今一つの重要な寄与である茶の湯は、銀閣寺の小さな部屋で義政がこれを実践したことから始まった。茶の湯が現在の重要性を帯びたのは、義政がその後ろ楯となったからだった。今日、茶杓《ちゃしゃく》は竹を曲げたものに過ぎないとはいえ、もしそれが義政と関係があるということになれば一財産の価値があるかもしれない。茶の湯で使われた茶碗は、当時の中国の洗練された磁器に比べれば、確かに作りがぞんざいに見える。しかしこれらの茶碗が貴重なものとされるのは単に年代物というだけでなく、その気取らない簡素な姿の中に型通りの美を超越した本質を暗示している力強さのためだった。生け花は、この時代に茶の湯の添え物として登場した。それが発展したのは単なる部屋の飾りとしてでなく、種類の異なる様々な花々を調和のとれた形に整えることから生まれる精神的な充実感の表現としてだった。

日本人の美意識や「日本のこころ」について、今でもいろいろと書かれ続けているが、おそらくこれらのものはどの時代にもまして東山時代に形成されたのだった。足利義政は東山文化の創造においてのみならず、究極的に日本人の美意識の独自な性格を形成するにあたって重要な役割を果たした。この功績によって義政が大いに褒め称えられたかと言えば、そうではない。義政は歴史家によって、必ずと言っていいほど意志薄弱な人間として描かれる。すなわち、義政は稀にみる才女である妻日野富子《ひのとみこ》の完全な支配下に置かれていた、と。また、国事を処理するにあたって義政が無能であり、周囲で展開している戦乱にさえも関心を持たなかったことが非難の的となっている。義政をして政治に背を向けさせるよう仕向けたかもしれないものを説明しようと試みたり、義政が芸術を奨励したことがその政治的無能を償って余りあるものかどうかを判断しようとする試みもほとんどなされていない。

残念ながら人間義政の完璧な肖像を創り上げるにあたって、残されている史料は十分ではない。我々は義政の生涯について多くの事実を知っているし、これらの事実は十五世紀の日本で義政その他の人物がどういう生活をしていたかを思い描く上で助けになる。しかし義政の詠んだ歌にも、義政の名前で公布された法令の中にも、我々はたとえば豊臣秀吉のように生き生きと義政という人物を思い起こさせるような独特かつ個人的な特質を見つけることはできない。義政は戦乱の世に生きていたが、(しかも、将軍として武家の棟梁であったにもかかわらず)玄関先も同様のところで戦闘が行なわれていた時でさえそれを見て見ぬ振りをした。しかしそれでもなお、義政が育んだ文化は義政自身の人生を豊かにしたばかりでなく、日本人すべての人生を豊かにしたのだった。我々は義政が行動に出ようとしなかったこと、つまり一方に味方することを拒否したことに一人の衰弱した暴君を見るのではない。むしろそこに見ていいのは、自分を取り巻く終わりのない紛争に解決を見つけることを断念した一人の教養人の姿である。義政が東山に建てた山荘は、ふつう銀閣寺という名前で知られている。もっとも、それは（義満の金閣寺と違って）銀箔で飾り立てられていたわけではなかった。この名前が暗示しているのは、義満の黄金時代ほど光り輝いてもいなければ色彩鮮やかでもない一つの時代である。義政が好んだ芸術――茶の湯、水墨画、能楽――は、燻《いぶ》し銀のように控えめな気品を備えていた。

私はこれまで日本人の美意識について書く際に、私にとって重要だと思われる次の四つの要素に基づいて書いてきた。「暗示」「不均整」「簡素」、そして私が「果敢《はか》なさ」と呼ぶものである。(3) 特にこれら四つを選んだのは、主に『徒然草』を読んだことから来ている。作者の兼好《けんこう》法師（一二八三?―一三五二?）は優れた歌人だったが、今ではもっぱら、この批評と随筆の書によって知られている。兼好の審美眼は、兼好が生きていた時代には、おそらく友人仲間以外には知られていなかったのではないかと思われる。『徒然草』の唯一の草稿を発見し、編纂したのは歌人で武将の今川了俊《いまがわりようしゆん》（一三二六―一四一四?）だった。了俊は『徒然草』に対する自分の熱意を弟子の歌僧正徹《しようてつ》（一三八一―一四五九）に伝え、正徹はこれらの草稿を成している短い随筆の数々を現在の順番に配列した。これらの随筆は、もともと兼好の部屋の壁に無造作に貼りつけられていたという。

正徹は兼好の審美眼の伝統を受け継ぎ、正徹自身、日本人の美意識の発展に重要な役割を果たした。死の直前に完成した『正徹物語』として知られる歌論書は、後世において審美眼が取るべき方向を指し示している。正徹の審美眼の理想を示す典型的な例は、「幽玄」という言葉の解釈に見ることができる。この極めて重要な用語に対する正徹の理解は、世阿弥の書に見られるそれまでの使い方とは異なるものだった。世阿弥によれば、「幽玄」とは優雅な話し方のことであり、高貴な宮廷人の容姿のことだった。正徹は、次のように書いている。

月に薄雲のおほひたるや、山の紅葉に秋の霧のかゝれる風情を幽玄の姿とする也。是はいづくか幽玄ぞと問ふにも、いづくといひがたき也。それを心得ぬ人は、(月は) きら〳〵と晴れて普《あまね》き空に有るこそ面白けれといはん道理也。幽玄といふは更にいづくが面白きとも妙なりともいはれぬ所也。(4)

月が薄雲におおわれ、山の紅葉に秋の霧がかかっている風情を幽玄と言えばいいだろうか。そのどこが幽玄なのかと問われても、どことは言いがたい。そのへんのことがわからない人が、雲ひとつない空に月が照り輝いている光景を好んだとしても仕方のないことである。幽玄というのは、どこが面白いとか優れているとか言えないところにあるのだ。

正徹は、兼好の次の一節に啓示を受けたようだった。

花はさかりに、月はくまなきをのみ、見る物かは。雨に向かひて月を恋ひ、垂れこめて春の行方も知らぬも、猶《なほ》あはれに、なさけ深し。咲きぬべきほどの木末《こずえ》、散りしほれたる庭などこそ、見どころ多けれ。(5)

桜の花は満開で、月は翳《かげ》ったところのない状態だけを賞美するものだろうか。降る雨を前にして月を眺めたいと願い、家の内に閉じこもって過ぎてゆく春の行方を知らないという状態も、やはりしみじみと情緒の深いものである。これから咲き初めようとしている頃の梢や、花が散ってしおれている庭にこそ見るに価するものがある。

正徹も兼好も、「暗示」に大いなる美を発見した。はっきりとは見えない光景だからこそ、それを味わうためには見る者の想像力と感受性が要求される。暗示の美は、花盛りの桜や雲一つない満月のように月並みな称賛に価する光景よりも美しいのだった。完璧な光景は想像力の息の根を止めてしまい、発見されるべき何物も残さない。しかし暗示は、無限に拡がる未知の領域へと扉を開いてくれるのだった。

『徒然草』の最古の流布本（一四三一）は正徹の手写本であり、『徒然草』の研究に初めて手を染めたのは正徹だった。兼好の見解は、ついには日本人の美意識に不可欠のものとなった。特にそれは、兼好が強調した美の必須条件としての「果敢なさ」の重要性だった。兼好は、次のように書いている。

あだし野の露消ゆる時なく、鳥辺山の煙立ちも去らでのみ住みはつるならひならば、いかに物のあはれもなからむ。世は定めなきこそいみじけれ。(6)

あだし野に置く露のように消えることもなく、鳥辺山に立ち昇る荼毘《だび》の煙のように立ち去ることもなく、いつまでも生き長らえることがこの世の慣いであるならば、物のあわれなどどこにあるだろうか。世は移ろいやすいからこそ貴重なのだ。

日本人が桜の花を愛するのは、単に花の美しさに惹かれてのことではなくて花の盛りの短いことに心を打たれたからだった。梅の花がそこまで好まれないのは枝にいつまでも残っているからで、時間が経つにつれて花は汚れ、美しさを失うことになる。いたるところ破壊が目につく時代には、無常の認識はおそらく必然のことだったと思われる。どぎつい効果に日本人が拒否反応を示し、また飾りのない簡素を好むことも兼好ははっきり述べていて、こうした特徴は激しい戦乱の後に来た無駄な脂肪分のない時代そのものを反映するものであったかもしれない。気づいてみたら私は、これらの美的規範を備えた一つの時代に否応なく惹かれていた。そして、これらの規範が形成された時代について書きたいという強い思いに誘われた。誰であれ東山時代について書こうとすれば、芳賀幸四郎の非凡な作品の前では色あせてしまうことを覚悟しなければならない。この時代の文化に関する芳賀の研究を読んで、この上さらに何を付け加えることができるだろうかと思う時がある。しかし私は、過去四、五十年間に他の学者たちが行なった研究の助けを借りて、また私自身の個人的関心に導かれながら、この破壊と創造が独自の結合を見せた一つの時代に、何か新たな側面を発見できるかもしれないことを願うのである。

（1）今谷明『日本国王と土民』三九〜五六ページ参照。義満と王位の関係について、詳細かつ説得力のある説明がなされている。

（2）Hayashiya Tatsusaburo, "Kyoto in the Muromachi Age" (Hall, John Whitney and Toyoda Takeshi, *Japan in the Muromachi Age*), p. 22. 原文の引用は、京都市『京都の歴史3　近世の胎動』三六二ページ。この書簡は、義政に政治の世界から身を引かないように勧めた義尚の言葉に対する返事である。義政は同じような気持を文明八年（一四七六）、近衛政家に宛てた書状でも表明している。

（3）たとえば、ドナルド・キーン『古典の愉しみ』一一〜三三ページ参照。

（4）久松潜一、西尾實校注『歌論集　能楽論集』（「日本古典文学大系」六五）二二四ページ。ド

ナルド・キーン『日本文学の歴史』第四巻二一四ページも参照。
（5）佐竹昭広、久保田淳校注『方丈記 徒然草』（「新日本古典文学大系」三九）二一二ページ、「徒然草」第百三十七段。
（6）同右八三ページ、第七段。

第一章　父義教の暗殺

嘉吉元年（一四四一）、室町幕府第六代将軍足利義教の暗殺は実に手際よく、しかも残虐に行なわれた。身分の高い人物の暗殺は、少なくとも近代までは珍しかった。数少ない例では、たとえば鶴岡八幡宮で甥に殺された鎌倉幕府第三代将軍源実朝、明智光秀の本能寺の変で自害した織田信長がいる。しかし、これらの人物は後崇光院《ごすこういん》（伏見宮貞成《さだふさ》）が義教のことを『看聞御記《かんもんぎょき》』に書いたように、「犬死」とは言われなかった。(1)

義満の四男である足利義教（一三九四―一四四一）は、（高貴な生まれの嫡男以外の多くの兄弟がそうであるように）僧侶として身を立てるため僧門に入れられた。若くして義教（当時は、義円《ぎえん》と名乗っていた）は、明らかに縁故によって天台宗の門跡寺院である青蓮院《しょうれんいん》の座主《ざす》に就任した。義教の腹違いの次兄にあたる足利義持《よしもち》（一三八六―一四二八）は、義満の跡を継いで四代将軍となっていたが、応永三十年（一四二三）、義持は息子義量《よしかず》（一四〇七―二五）に将軍職を譲り、引退した。しかし若き五代将軍義量は酒に耽溺《たんでき》し、その放埒な振舞は父親の厳しい叱責を買った。義量は、将軍在位わずか二年で病死した。

義量の死後、再び将軍の地位についた義持は、後継者が授かるよう（足利一族が属する）源家《げんけ》の氏神である石清水《いわしみず》八幡宮に願をかけた。男子出生を占うため籤《くじ》を引いた義持は、望みどおりの神意を得た。間違いなく息子を授かる、と。神意に絶大な信頼を置いていた義持は、まだ生まれてもいない息子以外に後継者を指名する必要を感じなかった。義持の信頼は、あてがはずれた。神意にもかかわらず、義持は息子に恵まれなかった。応永三十五年（一四二八）、義持は致命傷になったと思われる外傷の化膿がもとで重態に陥った。宿老たちは、義持に直《ただ》ちに後継の指名を求めるほかないと決断した。将軍の護持僧として仕える満済《まんさい》（一三七八―一四三五）が、瀕死の義持の枕頭で後継の指名を聞きとる役を任された。義持は、誰も指名しようとしなかった。満済は、重ねて尋ねた。しかし義持はあくまで拒み、次のように主張した。将軍後継は宿老の衆議で選ばれるべきである、と。(2)

満済は最終的に、後継者の選択を籤占いに委ねることで義持の同意を取りつけた。足利一族の命運を握る石清水八幡の氏神が、皆の期待に応えて、ふさわしい後継者を選ぶことになったのだった。満済は、紙片に義持の弟四人の名を書いた。念入りに封をされた紙片は、管領《かんれい》畠山満家《はたけやまみついえ》（一三七二―一四三三）によって石清水八幡宮に運ばれ、神前で満家が籤を引いた。満家が引いた籤は、義持の死の直後に開封された。そこには、青蓮院門跡義円准三后《じゅさんごう》の名が記さ

れていた。(3)

学者の中には、籤占いが不正に操作されたと断言する者もいる。つまり、どの籤が引かれても、そこには義円と記されていたに違いないというわけである。しかし、今谷明が説得力ある文章で論じているように、籤占いは当時の人々にとって単なる偶然の問題ではなかった。それに関わった人々にとって、選択は神自身が行なう、いわば「神判《しんぱん》」にほかならなかった。足利家の祈願に対して下された神の判定を信じるというその信仰の深さから見て、誰かが紙片をみだりに操作したということは考えられないことだった。(4) 時代を経た今日、我々は次のように思ってもいいかもしれない。仮りに籤占いに不正がなかったことを受け入れたとして、神は将来の義教である義円を次の将軍に選ぶという重大な誤りを犯さなかっただろうか、と。

籤占いに自分の名が出たことが判明した時、義円は還俗しなければならないことを告げられた。当初、義円は僧職を離れるのが気が進まなかった。しかし、ついには将軍の地位に昇ることが神意であることを納得し、従わざるを得なかった。神意をうかがう方法としての籤占いの効力を義円（還俗して義宣、のちに義教）が信じていたことは、将軍職を継いだ四ヵ月後に例証された。義教は、土地紛争を籤占いで決着することを提案したのだった。後年、勅撰和歌集の撰集から伊勢内宮の禰宜《ねぎ》職の指名にいたるまで、重要な決定が神前での籤占いに従って取り決められた。(5)

将軍職についた義教は確かな行政手腕を発揮し、守護大名の「領国」に分断されていた国の秩序を維持した。中には軍事的・経済的に幕府に匹敵する領国もあったのである。また義教は、恥をかかずに連歌の連衆に加わることのできた少なからぬ教養人でもあった。しかし義教が際立っていたのは将軍としての手腕、また文化的造詣によってではなく、残忍な気性のためだった。永享六年（一四三四）六月、公家の中山定親《なかやまさだちか》（一四〇一—五九）は日記に次のような事実を記している。これまで、すでに前関白を始めとする公家五十九名を含む高貴の身分の者八十名が義教の命令で処罰された、と。(6)

その多くは、ごく些細なことで苛酷な処罰を受けた。ある公家は、儀式で脂燭《しそく》役を務めている最中に、ふと微笑しただけで義教の怒りに触れた。別の例（永享五年）では、一条兼良《いちじょうかねよし》の屋敷で闘鶏があり、それを見ていた群衆がちょうど通りかかった義教の行列の進行を妨げた。頭にきた義教は一条家の闘鶏を中止させたばかりか、洛中の鶏をすべて都から追い払うよう命じた。(7)

また、武将の一人が義教に銘木の梅を献上したことがあった。運搬の途中で、その梅の中枝が折れた。これを知って、義教は激怒した。運搬した植木師三人は枝を折った罪で投獄され、梅を献上した武将の家臣五人の逮捕が命じられた。家臣のうち三人は逃亡し、二人は自殺した。永享七年（一四三五）に伊勢参宮の旅に出た際、義教は旅中に出た料理のまずさに苛立った。料理人として随従していた近習の武士は、即座に京へ追い返された。義教が京へ戻った後、おそるおそる出仕したこの武士は直ちに逮捕され、斬首された。二年後、やはり同じ理由で別の料理人が処刑された(8)。

ここに挙げた例は、義教の命令によって行なわれた重要な謀殺の中には入らない。義教は身分の高い大名にさえ、謀叛の志を抱いていると疑える根拠を見つけようとした。そして彼らが潜在的に危険であると見なすと、躊躇《ちゅうちょ》することなく挑発して罪を犯すよう仕向けた。ある儀式が、永享二年（一四三〇）七月に行なわれた。義教は古式に則って、供奉《ぐぶ》する武将の序列を定めた。一色義貫《いっしきよしつら》（一四〇〇—四〇）は、序列第二に指名された。義貫には、これが不服だった。祖父一色詮範《あきのり》は、かつて足利義満によって序列第一に指名されていた。義貫は当然、自分もそれに値すると考えた。義貫は、病気と称して儀式に参加しなかった。予期したとおり、この振舞が義教を激怒させた。義教の最初の衝動的な行動は、義貫の所領すべてを没収することだった。諫められた義教は、ひとまず厳しい措置を取ることは思い止まった。しかし、義貫のことを決して許したわけではなかった。報復の機会が来たと判断した時、義教は義貫の死を命じた(9)。

義教の恐怖政治は、中国皇帝によるそれに比べれば規模が小さいと言わなければならない。しかし日本では、義教が彼の機嫌を損じた者たちに示したような血なまぐさい残虐行為には前例がなかった。平安時代に犯罪で処刑された人間はいなかったし、処分は最悪でも流刑だった。将軍が国を治めるようになった後世でも、なかなか極刑に訴えるようなことはなかった。公家に対しては、せいぜい所帯没収か、出仕差し止めが命じられるくらいだった(10)。過去の時代の方針と著しく異なるということもあって、義教の迫害は特に不忠と疑われることを恐れる公家や大名たちの間に大きな不安を生んだ。恐怖は、義教を取り巻く人間たちの間で追従の形となって現れた。誰もが義教の意のままになることを必死で訴え、義教の疑念を払うことにやっきとなった。出かける先々で義教は、忠誠を熱心に示したがる各領国の人間から高価な贈物を受け取ることができた。儒教の書物が権力者の助言者であるべき人々のために記したように、あえて将軍に諫言《かんげん》しようとする者は誰もいなかった。

義教は、周囲の者たちの忠誠を容易には信じようとしなかった。わずかの不安をも完全に払拭するために義教は、足利時代を通じて徐々に衆議政治へと発展してきた流れを一変させた。義教は、なにかというと血に飢えた暴君のように振舞った。(11)およそ不忠と思われる行為に対して、義教が即座に下した命令は殺すことだった。敵の首が都に送られてきた時、義教は首が替玉でないかどうか確かめるために自ら首実検を行なった。主敵の一人の拠点である結城《ゆうき》城が落ちた時、約五十の首が義教の首実検を受けるため京都に送られてきた。首は、酒浸けにされていた。しかし京都の夏の炎暑で、すでに目鼻は腐敗し、もとの顔の外形をとどめていなかった。公家たちは首実検に加わりたくなかったし、言語に絶するおぞましい光景を見るのもいやだった。しかし彼らは、借りた太刀を腰につけて首実検の場に駆けつけた。誰もが将軍に祝いの言葉を述べる最初の一人になりたかったし、遅れをとって義教の怒りに触れることを何よりも恐れたのだった。(12)

義教の行為にまつわるどの話をとっても、義教という人物は人間としての感情に欠けた男だったということになりそうである。若き日々を僧門で過ごした人物が、こんなにも簡単に仏教の殺生の戒めを忘れてしまえるものなのだろうか。しかし義教自身は、自分が常に敬虔な仏教徒だと思っていた。将軍の地位を狙う者たちに大勝を収めた後、ついに叛逆者が地上から消えたと判断した義教は、追従者たちが催す仰々しい祝宴に足繁く通ったばかりでなく、勝利が授けられたことに感謝を捧げるために連日のように社寺参詣を繰り返した。(13)

嘉吉元年（一四四一）六月、義教は赤松一族から祝宴の招待を受けた。関東の結城征伐の祝い、特に（義教に叛旗をひるがえした）鎌倉公方足利家の再興に利用されたかもしれない足利持氏《もちうじ》の遺子二人（十二歳と十歳）を捕らえ、首尾よく始末したことを祝うためだった。赤松家には、足利義満の幼少時代にまで遡る一つの慣例があった。将軍臨席の上で毎年正月に演じる「松囃子《まつばやし》」である。この慣例は、長じて義満が新年祝賀に猿楽（能）を好むようになったため廃されていた。しかし正長二年（一四二九）正月に復活し、それ以来、松囃子は幕府御所で毎年演じられてきた。ところが永享十三年（一四四一）正月は、この松囃子の上演がなかった。記録によれば、赤松家の当主である赤松満祐《あかまつみつすけ》（一三七三—一四四一）は、狂乱のため前年より幕府御所に出仕できない状態にあった。満祐の弟の義雅《よしまさ》は、すでに義教の怒りに触れて所領を没収されていた。また、一色義貫など有力守護大名が義教の命令で暗殺され、「次は赤松討たるべし」という流言が飛んでいた。(14) 狂人を装うことは、おそらく義教の猜疑心《さいぎしん》をそらせる最上の方法だった。この計略は、当面は成功した。しかし、次に何が義教の怒りに触れるかは誰にも予測できないことだった。

義教招待の名目は、この年、赤松邸の庭の池にいつになくたくさんの鴨の子がやってきたことにあった。将軍は、親子の鴨が水に戯れる姿を見て必ずや喜ぶに違いなかった。毎晩のように公家や守護大名の屋敷の祝宴に招かれることに慣れていた義教は、赤松家の招待に応じた。六月二十四日午後、義教は七人の守護大名、公家、近習等を伴って赤松邸に到着した。随従の諸大名のほとんどが、義教に特別目をかけられて現在の地位に取り立てられた者ばかりだった。(15) この日の赤松邸の主人役は、満祐の嫡男教康《のりやす》だった。満祐自身は、狂乱の身ということで一切姿を見せなかった。

将軍一行は池の鴨の親子を愛でた後、酒宴の饗応を受けた。余興は豪勢だった。将軍の気晴らしに、猿楽が次々と上演された。三番目の出し物が演じられる頃には、すでに夕闇が迫りつつあった。盃酌が何度となく酒席をまわり、客たちはすっかりくつろいだ気分になっていた。突然、屋敷の奥の方で太鼓を打ち鳴らすような轟音がとどろいた。ほろ酔い機嫌の将軍は酔眼を開き、何の音かと尋ねた。同席していた義教の岳父は呑気にも、雷かなにかでしょうと応えた。轟音の正体は、あとでわかった。赤松満祐の馬番が、厩《うまや》につないであった馬を一斉に解き放ち、邸内を走らせたのだった。「門を閉めろ」という叫び声で、雑人たちは門にかんぬきを下ろした。表向きは、馬を外に出さないためだった。しかし事実は、屋敷から誰も出られないように出口を封じたのだった。

すかさず、数十人の武装した男たちが隣室から乱入した。最初の二人が両側から義教の肩をつかみ、畳に押さえつけた。義教は「待て」と叫んだが、三番目に飛び込んだ安積行秀《あづみゆきひで》が義教の首をはねた。一行の大名のうち四人は、うろたえて座敷を這って逃げまわり、庭の塀を乗り越えた。この四人は自分の首を救った代わりに、都中の笑い物になった。気骨ある大名、近習数人は刀の鞘を払い、赤松勢に立ち向かった。多くはその場で斬り殺され、または重傷を負って退出後に絶命した。万里小路時房《までのこうじときふさ》（一三九四―一四五七）は日記に、「前代未聞」「言語道断の次第」「言詞及びがたき事」と書いている。他に日記をつけていた公家たちの意見も、およそ似たようなものだった。[16]

狂乱していたはずの赤松満祐がその場に姿を現し、将軍暗殺計画の首謀者だったことを明らかにした。赤松勢は屋敷に火をかけ、首尾よく脱出した。義教の首をはねた安積行秀は、首を槍の穂先に高々と掲げて捧げ持った。伝えられるところによれば、満祐はしごく満足の面持ちで、あたかも長年の本懐を遂げたかのごとくだったという。その日、赤松勢を追撃しようとする者は誰もいなかった。

万里小路時房は赤松邸に火の手が上がるや、後花園《ごはなぞの》天皇に報告のため内裏に駆けつけた。すでに夜のとばりが降りていたが、天皇は一間に出て赤松邸の炎上を望見していた。何が起こったのか、まだ誰も知らなかった。やがて、負傷した生存者の名前が次々と内裏に届いた。義教の名は、その中になかった。あるいは義教は殺されたのかもしれなかった。ついに管領細川持《ほそかわもち》之《ゆき》（一四〇〇―四二）から報せが届き、恐ろしい事件のあらましが伝えられた。同時に持之は、次のことを朝廷に保証した。将軍の後継が絶えることはない、義教の「若君」が次の将軍になる、と。持之は、朝廷の人々に動揺しないよう訴えた。

その夜、足利家と関係の深い相国寺《しょうこくじ》の僧たちが、首のない義教の胴体を探しに赤松邸の焼け跡にやって来た。僧たちは黒こげの遺骸を見つけ、用意してきた柩に納め、相国寺塔頭鹿苑《たっちゅうろくおん》院《いん》に運んだ。翌日、柩は埋葬のため等持院に運ばれた。葬儀は、それからさらに二週間後に予定された(17)。

二十五日、諸大名は幕府御所に参集し、前例のない状況の中で何をなすべきか協議した。協議は、義教の嫡男で当時千也茶丸《せんやちゃまる》と呼ばれていた義勝を将軍後継とすることで一致した。少年はわずか七歳で、父のように専制君主として振舞うことができないことは明らかだった。宿老の衆議が復活されることになり、幕府の政策の決定はすべて衆議に委ねられることになった。これは、義教が権力を思うままに振るい始めた永享七年（一四三五）以前の幕府の慣行に復することを意味した。細川持之は依然として管領の地位にあったが、義教暗殺の際の怯懦《きょうだ》な振舞によって大名たちの信望を失っていた。

同日、赤松一族から一人の使者が細川邸を訪れた。使者の口上は、次のようなものだった。

義教の首は摂津《せっつ》国中嶋にある、満祐は首のために葬儀を営むつもりである、と。持之は、赤松の使者の来訪が赤松一族と自分が内通している証と受け取られかねないことを恐れ、使者の首をはねるよう命じた。満祐は使者が殺されたことを知り、義教の首を奉じて領国播磨《はりま》へと立った。予定されていた葬儀は、中止された。(18)

この時の事件の顚末を物語風に記した『嘉吉物語』(19)によれば、六月二十五日に播磨の城に到着した満祐は安国寺で義教の首を茶毘《だび》に付している。（葬儀にふさわしく）白装束の直垂《ひたたれ》をつけた満祐は、金地の錦に覆われた祭壇の前に進んだ。義教の首を祭壇に据え、その前にかしこまり、自分の一族が足利家のためにいかに尽くしてきたか、綿々と語った。満祐の言葉は、次のように始まっている。

あかまつの一門、代々天下の御用にたち、むほんのともがらをしづめて、ふたごゝろなく、奉公にくらからぬやから也。そのゆへ、一とせ尊氏将軍、都のいくさにうちまけさせ給ひて、此赤松を御たのみありて、御下向ありければ、三ケ国の勢を率して、きの山白（旗）の城をかまへて、諸国の勢をうけとゞめて、三ケ年間ふせぎたゝかふ。もとより天下にならびなき城なれば、つゐにおつる事なし。(20)

赤松一門は代々、天下のために働いてきた。謀叛人どもを鎮圧し、その忠誠は揺らぐことなく、一途に奉公を尽くしてきた。かつて尊氏将軍が都での戦に敗れ、この赤松を頼って下向してきた時、我らは所領三ヵ国の軍勢を率いて木山《きのやま》、白旗に城を構え、諸国の軍勢を向こうにまわして三ヵ年防戦した。もとより天下に並びのない城なので、ついに落ちることがなかった。

続けて満祐は、勝算がなさそうな戦においても示された赤松一族の将軍への忠誠の数々を物語った。しかし、と満祐は言う。義教は赤松一族の並はずれた忠誠の証である数々の功績を忘れ、代わりに一族を滅ぼそうと企てた。義教の先祖（おそらく、尊氏のことを指していると思われる）は、赤松が絶えれば足利も絶える、と七度にわたって八幡に起請した。このたびの事件（暗殺）が起きたのは、義教が先祖の起請を忘れたからである。自分は、このような事件が起ころうとは夢にも思っていなかった。しかし、おっつけ京都から追討軍がやってくるに違いない。そうなれば、自分は腹を切ることにする。そして尊氏の起請に忠実に、あの世まで足利義教の供をする。もしまた、命を少しでも永らえるようなことがあれば、ねんごろに義教の菩提をとむらうことにする――。そう言って満祐は、狩衣《かりぎぬ》に包んだ義教の首を仰ぎ持ち、三度礼をした。その場にいた人々は心を打たれ、直垂の袖をしぼったという。首は栴檀《せんだん》と花梨の木で作った輿に据えられ、荼毘所まで運ばれた。『嘉吉物語』の伝えるところによれば、これは「怨をば恩にてほうする」、すなわち憎しみに報いるに善をもってなす、ということになるのだった。(21)

明らかに満祐を支持する立場の者が書いたと思われるこの物語は、いかにも文学臭が強く、涙に濡れた「袖をぞしぼられける」など過度に通俗的な表現は、ほとんど滑稽でさえある。しかしおそらく、そこには一抹の真実が含まれていたと思われる。現代の歴史学者は、一般に義教暗殺を次のように解釈している。赤松一族の中で義教が寵愛していた美男の貞村《さだむら》に、義教は満祐の所領三ヵ国を与えるらしいとの噂があった。満祐はこれを恐れて、あえて暗殺に踏み切ったのだ、と。しかし所領を脅かされるということのみならず、足利家のために尽くしてきた赤松一族に対する義教の恩知らずの仕打ちに、事実、満祐は腹を立てたかもしれなかった。義教の首に対する満祐の手厚い配慮は、あるいは義教の激怒した魂が舞い戻って赤松一族に取り憑くのではないかという恐れから出たものであったかもしれない。

義勝は、まだ元服前だったので、直ちに将軍に宣せられたわけではなかった（義勝が元服したのは翌年で、八歳という異例の若さだった。この時、義勝は晴れて将軍となった）。義勝は幼いにもかかわらず、幕府の最高位にあった。将軍に忠誠を示すにあたって幼い少年の前に頭を下げることは、幕府宿老、守護大名、武将たちにとって心穏やかならぬものがあったに違いない。しかしおそらく彼らは、たとえ名目上であろうとも、誰かが幕府の頂点にいることが必要だということを十分承知していた。

父の跡を継いだ義勝は、六人の弟たちと一緒に室町御殿に移った。いずれの弟も、もし義勝が死んだ場合には後継者となる可能性があった。加えて当時は、まだ足利義満の息子が何人か存命で諸寺の高僧として仕えていた。赤松満祐が、これら高僧の一人を義勝の代わりに将軍と

して擁立するかもしれなかった。このことを恐れた細川持之は、義満の遺子をすべて相国寺鹿苑院に軟禁した。(22)

七月六日、義教の公葬が等持院で執り行なわれた。相国寺蔭凉《いんりょうけん》軒軒主である季瓊真蘂《きけいしんずい》（一四〇一―六九）は、赤松一族の出身者として義教の首の紛失に責任を感じていた。真蘂は公葬の数日前、葬儀のために義教の首を取り戻そうと、死を賭して播磨へ出向いた。真蘂は満祐に拝謁し、満祐は真蘂の誠実さに心打たれた。細川持之は、すでに二度までも満祐の使者の首をはねていた。もし満祐が敵側の使者を同じ目に遭わせたとしても驚くにはあたらなかった。しかし満祐は、快く真蘂に義教の首を返した。『嘉吉物語』の話を信ずるとすれば、首はすでに荼毘に付されていた。しかし、別の首を替玉にすることは難しくなかったはずである。炎暑の夏ということであれば、首が本物であろうと偽物であろうと、まず数日間のうちに見分けがつかなくなってしまっていたに違いない。仮りに満祐の引き渡した首が本物であったにせよ、すでに満祐は義教に対する復讐の思いは存分に遂げていたはずだった。勝利の証としての首は、もはや必要なかった。満祐の思いは明らかに、来るべき幕府軍との戦いに向けられていた。(23)

満祐は、すぐにでも幕府の大軍が攻め寄せてくるものと思っていた。播磨に帰るや、満祐は直ちに国境の防備を整えた。しかし幕府の追討軍は、奇妙なことになかなか京を出発しようとしなかった。業を煮やした満祐は七月八日、管領細川持之に早く追討軍を差し向けるよう挑戦状を送りつけた。(24)追討軍は、依然として動かなかった。ここで満祐は、義勝に対抗して足利一族の一人を将軍に擁立することを思いついた。満祐は、恰好の人物を見つけた。足利一族の禅僧の一人で、満祐はこれを還俗させ、義尊《よしたか》と名乗らせた。そして義尊の名で、諸国の武士に軍勢催促状を発した。(25)すでに将軍暗殺の下手人であった満祐は、今や幕府に敵対する叛逆者となったのだった。

すでに六月二十五日、幕府重臣会議で赤松討伐が決議されていた。しかし、決議はなかなか実行に移されなかった。播磨に進発した軍勢も、ただ播磨国境で形勢を窺っているだけだった。(のちに入道となり「宗全」の名で知られた)山名持豊《やまなもちとよ》(一四〇四—七三)は、討伐軍の総大将であったにもかかわらず、いまだに京を離れる気配を見せなかった。播磨にいる軍勢も総大将の持豊が京にいる以上、戦機熟せずとして動こうとしなかった。その間、一連の小事件で山名持豊と管領細川持之の仲が険悪となった。細川は山名に、「赤松を攻める前にまず山名を退治せん」と軍勢催促を命じたと伝えられている。(26)討伐軍には見たところまとまりがなく、そもそも討伐の大義名分が不人気だった。京では、赤松満祐は悪将軍を退治した大名として喝采を博していたのだった。

幕府軍の主力は七月十一日に進発したが、依然として統率がとれているとは言いがたかった。事態を憂慮した管領細川持之は、将軍暗殺の罪による赤松誅罰の綸旨《りんじ》を後花園天皇に奏請することにした。天皇は、派遣すべき部隊を擁していたわけではなかった。しかし天皇が綸旨を与えることによって、寄せ集めの軍隊が強化、統一されることになるのだった。(27)いわば慶応四年

（一八六八）の鳥羽伏見の戦で、官軍の掲げる錦の御旗が徳川軍の敗北に決定的な役割を果たしたようなものである。

持之は人を介して万里小路時房を招き、なぜ綸旨が必要か、その理由を説明した。「御少年（足利義勝）の時分の間、管領の下知、人々の所存如何。心元無きの間、綸旨を申請ふべし[28]」、将軍が幼少なので管領が下知を下さなければならないが、人々の所存は如何なものだろう、なんとも心もとないので綸旨を申請することにした、と。時房は、このような場合に綸旨を発することが適切であるかどうか難色を示した。そもそも綸旨とは、過去において朝敵征伐に限って使われるものだった（それも、めったにないことだった）。しかし持之にしてみれば、幕府軍に梃入《てこい》れするためにはどうしても綸旨が必要だった。天皇の裁可には絶大な重みがあり、それは天皇が究極的な権威の源だったからである。

後花園天皇は七月三十日、持之の綸旨奏請を認可した。時房は直ちに、綸旨の草案作成を命じられた。その日は、暦によれば日が悪かった。これを理由に時房は、一日の猶予を訴えた。しかし、聞き入れられなかった。やむなく時房は、その場で草案を書き始め、完成した草案は儒者の添削を仰いだ。草案は、天皇の承認を得るため内裏に届けられた。天皇は、主に儒教的観点から大幅に直しを入れた。しかし意味は、だいたい時房の原文と同じだった。

満祐法師ならびに教康、陰謀を私宅に構へ、忽《たちま》ち人倫の紀綱を乱し、朝命を播州に拒《ふせ》ぎ、天吏《てんり》の干戈《かんか》を相ひ招く。然れば早く軍旅を発し、仇讎《きゆうしゆう》を報ずべし。忠を国に尽し、孝を家に致すは唯だこの時に在り。敢へて日を旋《めぐ》らす莫《なか》れ。兼て亦《また》彼と合力の輩《ともがら》、必ず同罪の科に処せらるべし。者綸言《てへれば》かくの如し。(29)

満祐ならびに嫡男教康は私宅で陰謀を構え、にわかに人倫の紀綱を乱し、播磨にあって朝命を拒み、天命を受けた軍との戦を招くことになった。直ちに軍を進め、これを誅罰すべきである。今こそ国のために忠誠を尽くし、家のために孝をなす時である。いたずらに日を遅らせてはならない。赤松と徒党を組む輩も、必ず同罪として処罰されるべきである。されば、以上が天子のお言葉である。

赤松満祐は播磨、備前、美作《みまさか》の所領三ヵ国を抱えていた。しかし満祐は、防備を播磨一国に集中することにした。進軍する幕府軍は早くも美作を攻略したが、七月末、両軍は膠着状態に陥った。八月中旬、細川持之は淡路守護に檄を飛ばし、海上から赤松の陣を攻撃させた。陸海の同時攻撃は赤松の陣にとって寝耳に水で、やむなく赤松勢は退却を強いられた。山名持豊の率いる幕府軍は八月二十八日、播磨に乱入した。三十日、両軍の激戦は赤松軍の敗北に終わった。(30) 九月三日、赤松一族の砦である坂本城が山名持豊の手に落ちた。

満祐はわずかな手勢を引き連れ、木山にたどり着いた。国人の力を借りて満祐は木山城に籠城し、最後の抵抗を試みた。九月九日払暁、総攻撃の火蓋が切られた。翌十日午前九時、山名軍の攻勢で本丸陥落が近いことが明らかとなった。満祐は嫡男教康、弟則繁《のりしげ》を呼び、再起を図るため脱出するよう命じた。義教暗殺に始まる一連の事件に深く関わってきた二人は、満祐とともに切腹したかったに違いない。しかし、満祐の遺命を無視するわけにいかなかった。

満祐は二人が無事脱出したことを見届けると、安積行秀に介錯を命じ、首を打たせた。満祐の自刃に続いて、一族郎党五十人余りが相次いで切腹して果てた。二ヵ月半前に将軍の首を打ち落とした安積は本丸に火をかけ、火中に身を投じた(31)。

(1) 今谷明『足利将軍暗殺』八六ページ。

(2) 今谷明『日本国王と土民』九二〜九三ページ参照。今谷は、義持が宿老たちの衆議に従うことを主張したことの重要性を強調し、これがこの時代の不文律だったことを述べている。また、田中義成『足利時代史』一三一〜一三二ページ参照。

(3) 義円は、太皇太后、皇太后、皇后の三后に準じる地位の准三后だった。これは慣例的な用語で、必ずしも三后すべてが生存しているとは限らなかった。

今谷『日本国王と土民』九四〜九五ページから引いたこの話は、公家の万里小路時房の話とは異なっている。万里小路によれば、畠山は石清水八幡宮の神前で籤を三度引き、三度とも義円の名が記された紙片が出てきた。Carter, Steven D., *Regent Redux*, p. 29.

(4) 今谷、同右九四〜九六ページ参照。田中は、「当事者の日記といえども軽々しく信ずべからざるなり」と警告している（前掲書一三三ページ）。田中は、籤があらかじめ仕組まれていたと言いたいようである。

(5) 今谷、同右九七〜九九ページ。
(6) 同右一〇七ページに引用されている。
(7) 今谷『足利将軍暗殺』五七〜五八ページ参照。
(8) 同右五八〜五九ページ。また、永原慶二『下剋上の時代』五三〜五四ページ参照。
(9) 田中、前掲書一五〇〜一五五ページ。田中はまた、同じような事情で義教が誅戮したもう一人の守護大名土岐持頼についても述べている。今谷『日本国王と土民』一一一ページも参照。
(10) 今谷『足利将軍暗殺』五八ページ。
(11) 同右六一ページ。
(12) 同右七〇ページ。
(13) 今谷は、嘉吉元年の五月、六月にかけて義教が訪れた三十九の参拝社寺の名前の一部を挙げている（同右七六ページ）。
(14) 今谷、同右八〇ページ。
(15) 七人の守護大名の名前とその領国は、今谷『日本国王と土民』一一六ページに列挙されている。
(16) 今谷『足利将軍暗殺』八六ページ。
(17) 同右八八〜八九ページ。
(18) 同右八九ページ。
(19) これは後醍醐天皇の軍勢に勝利をおさめた後、国土安穏を祈願して足利尊氏・直義《ただよし》兄弟によって全国六十余州に建立された同名の寺の一つ。
(20)『嘉吉物語』(『続群書類従』巻第五百七十七)二二八ページ。「物語」という言葉が示しているように歴史書でなく、文章も文学的に潤色を施されている。しかし、その多くは史料的に裏づけることができる。今谷『足利将軍暗殺』二二一ページ参照。赤松一族の所領三ヵ国は、本文でも述べたように播磨、備前、美作。
(21)『嘉吉物語』(『続群書類従』巻第五百七十七)二三一ページ。
(22)今谷『足利将軍暗殺』九〇ページ。
(23)同右九九ページ。
(24)同右一〇〇～一〇一ページ。今谷は、この手紙を『赤松盛衰記』という軍記物から引用し、本来は信用できる文書ではないが最近の研究によって記録性が十分認められ、この手紙も信用してよさそうだと書いている。
(25)同右一〇二ページ参照。
(26)同右一〇三ページ。
(27)同右一〇五ページ参照。
(28)同右一〇六ページ。
(29)同右一〇八ページ。八月一日付で坊城俊秀(蔵人左少弁)の署名のあるこの綸旨は、細川持之に宛てられている。
(30)同右一二二ページ。
(31)同右一五三ページ。

第二章　乳母と生母の狭間で

幕府は二ヵ月半かけて赤松満祐とその一族を滅ぼし、こうして将軍足利義教の仇が討たれたのだった。この勝利は、幕府に忠節を尽くす大名たちの混成部隊の功績に帰せられることがある。しかし事実は、山名氏だけの手柄だった。他の大名の部隊は、総攻撃に加わるには到着が遅すぎた。(1) 木山《きのやま》城の焼け跡から回収された満祐の首は、勝利の証として都へ送られたが、山名氏の当主持豊は、京都に凱旋しないことにした。代わりに持豊の部隊は、赤松残党狩りおよび戦費の代償と称して播磨一国を略奪した。

持豊が京都に戻らなかったのは、あるいは京都近郊で土一揆の蜂起があったという報せに影響されてのことであったかもしれない。嘉吉元年（一四四一）八月末、土民（土着の住民、一般にその土地の農民）が数ヵ所の拠点から京都を脅かしつつあった。山城国守護を兼ねる侍所長官京極持清《きょうごくもちきよ》（一四〇七―七〇）の軍勢と土民勢との間で、すでに矢合わせの戦闘があった。土民勢は、借金を棒引きにする「徳政」を要求していた。徳政を得る目的で土民（および他の不満分子）が結束したのは、これが初めてのことではなかった。しかしこのたびの一揆は、これまでの幕府軍との衝突に比べて規模が大きく、しかも組織が行き届いていた。それぞれ千人あまりの土民から成る数個の武装集団が、都へ入る戦略的に重要な出入口に配備された。土民勢を率いていたのは地侍で、彼らは幕府よりむしろ領国の土民と連帯することを選んだ。

土民勢の最初の標的は、酒屋と土倉だった。いずれも所有者は、大変な財産家であると同時に高利貸しだった。やはり高利貸しを営んでいた寺（寺僧は高利貸しの利益を、祠堂修復のための「寄進」と称していた）もまた、土民勢の怒りの対象だった。土民勢は土倉も寺も一様に襲撃し、借金の証文を奪っては焼き捨てた。

幕府は、叛乱を鎮圧できるだけの十分な戦力を欠いていた。幕府の軍勢の大半は赤松満祐討伐のため播磨に出陣し、都の守備に残されていたのは京極持清指揮下の部隊だけだった。これらの部隊にできることといえば、東日本に通じる粟田口《あわたぐち》を支えるのが精一杯で、都へ入る他の出入口はすべて一揆勢に押さえられた。将軍暗殺によって引き起こされた混乱のさなかに一揆が起きたのは、決して偶然のことではなかった。(2)

都で戦闘が勃発するより早く、すでに徳政令が近江の二つの荘園の荘官によって発布された。(3)その条文によれば、借銭、抵当、頼母子講《たのもしこう》（互助的な金融組合）は無条件で破棄され、また質物は借りた金額の十一分の一を支払えば取り戻すことができるのだった。この徳政が適用されたのは近江の奥嶋、北津田庄という二つの荘園内だけだったが、おそらく近江国内の他の荘園でも同じような徳政が発布されていたのではないかと思われる。

徳政令は、この時期を境に頻繁に出るようになった。弱体化していた幕府は、叛乱する土民勢に譲歩することで必死に時間を稼ごうとした。この先いつ徳政令が出るかわからないという差し迫った状況の中で、高利貸しが新たに金を貸すにあたって極めて慎重になったのは当然の勢いだった。債務者の証文には、たとえ徳政令が出ても借金は返却しなければならないという但し書きが書き込まれるようになった。

幕府軍が都を守備するための十分な戦力を欠いていることが明らかになるにつれ、土一揆はことを増した。内裏や幕府御所のある一角は、特に無防備だった。幕府はかろうじてこの脅威は防いだが、逆にこのことが土民勢に真言宗の東寺など下京南部一帯を荒らし回らせる結果となった。土民勢は寺僧を脅し、もし幕府が徳政令を出さなければ伽藍《がらん》に火をかけると息巻いた。明らかに土民勢が期待したのは、幕府が貴重な仏教伽藍を破壊させるよりはむしろ譲歩するだろうということだった。またおそらく東寺が幕府に圧力をかけ、伽藍を危機から守るに違いないということをも同時に期待していた。(4)

七歳の少年である次期将軍の義勝が、一揆の土民勢の都への侵略をどうすることもできないのは明らかなことだった。管領細川持之は、なんら積極的な行動に出ようとしなかった。おそらく持之は、播磨から軍勢が戻ってくるのを待っていた。その間、すでに土民勢は都を包囲し、一隊は洛中に進入して無差別に建物に火をかけた。(5) 他の一隊は、東寺を占拠した例に倣って寺々を襲い、もし幕府が徳政を与えなければ伽藍を焼くと脅した。皮肉にも一揆勢は、もともと「徳のある政治」を意味する「徳政」を得るために暴力を使っていたのだった。
日ごとに、洛中の状況は絶望的になっていった。内大臣西園寺公名《さいおんじきんな》（一四一一―六八）は、九月七日の日記に次のように書いている。

徳政の事によって、土一揆蜂起し、七道の口を指し塞ぐ。乃《すなわ》ち惣じて商売の物無きの間、京都飢饉以ての外なり。言語道断と云々。(6)

徳政を求めて土一揆が蜂起し、京都に入る七道の出入口を封鎖した。そのため商いの品物が途絶え、京都は大変な飢饉に追い込まれた。言語道断のことである。

都の人々は、幕府に一揆を弾圧する方策が何もないことに次第に気づくようになった。ついに土倉側は、財産は自分で守るほかないと覚悟し、ごろつき（前科者を含む）を用心棒に雇った。時には一揆勢との間に激しい衝突があり、土倉を焼失する結果にもなった。洛中に拡がる不穏な状況にもかかわらず、九月九日、内裏では慣例に倣って菊の節句が祝われた。朝廷は、なお周囲の武力衝突に超然としているかのごとく装っていた。
九月十二日、赤松一族の最後の砦である木山城陥落の報せが都に届いた。この報せは都を包囲する一揆勢の活動を、かえって活潑化させる結果となった。土民勢が恐れたのは、この勝利によって幕府が大軍を京都に戻し、一揆勢が押さえている都への出入口の封鎖を解除させるかもしれないということだった。京都の包囲戦を成功させるのは今しかない、という土民勢の確信が拡がるにつれて、徳政の要求はさらに執拗さを増した。ついに幕府は一揆勢の圧力に屈し、土民の借金を帳消しにする徳政令を発布することにした。しかし土民勢は、徳政の対象を公家や武士を含む社会全体に拡げるべきであると主張し、もしこの要求が拒否されれば再び戦闘が始まる、と脅した。(7) 公家の一人である万里小路時房は、公家のことを気づかった一見公平とも思える土民の態度を、いったん戦力を回復した際の幕府の処罰を恐れてのことと解釈した。徳政の対象に公家と武士を組み入れることによって、一揆の大義名分に対する公家や武士の共感は深まるはずだった。

待ちに待った徳政令が九月十四日、ついに公布された。(8) 日本史上、政府が一般庶民の要求にこういう形で屈伏したのは初めてのことだった。京極持清の名で出された布令は幕府侍所の壁に張り出され、また都大路の人目につく辻々、都に入る七道の入口（七口）に木札で掲示された。それは階級に関わりなく、あらゆる人々が適用の対象となっていた。

万里小路時房は、この徳政令によって膨大な借金から解放されることになった。しかし時房は、無法な土民が幕府から非合法に引き出した免除の恩恵を受けることを恥ずかしく思わずにはいられなかった。(9) 時房は最初は、徳政に乗じて借金から解放されることを拒んでいた。しかし次の噂を耳にしたことで、心を変えた。土倉側は今後の徳政に備えて利率を増やし、しかも返済の滞納三ヵ月を過ぎた質物はすべて質流れにしてしまうことを計画していたのだった。時房は徳政に従って、自分の入れた質物を借金棒引きで請け出すことにした。ただし後日、土倉には弁償するつもりであることを日記に記している。時房は、自分が公家の一人であることを忘れなかった。後日に必ずや弁償するという気構えを持つことで、かろうじて公家としての体面を保とうとした。ともあれ、(土民と同じく)時房が借金から解放されることを必死に望んでいたことは事実だった。(10)

徳政令が公布されるや、一揆の土民勢は土倉に押しかけた。その際に顔を覆面で隠したのは、あとで予想される処罰を未然に防ぐためだった。徳政令の公布で土倉側は手も足も出ず、一揆勢に質物を渡さざるを得なかった。少し気持が収まった一揆勢は、封鎖していた都への出入口のうち二つを開き、米穀を都に搬入させた。しかし、他の五つの出入口は封鎖されたままだった。都の物資の欠乏は、相変わらず深刻だった。

九月十七日、自決した赤松満祐を始めとする一族の面々の首が京都に到着した。まず、管領細川持之が首実検を行なった。首は焼けて、黒こげになっていた。しかし持之は、首の身元を確認できるほど十分に満祐らの容貌を心得ていた。次に首実検を行なったのは、足利義教の後継に指名された七歳の義勝だった。まだ幼少の義勝はおそらく、これまで赤松満祐に会ったことなどなかったに違いないし、もっともらしく首を識別できるほどの大人ではなかった。しかし首実検の儀式は、然るべき厳粛さで執り行なわれた。明らかにこれは、将来の将軍の権威をはっきり示すための儀式だった。(11)黒こげの首を目にしたことで、義勝が受けたであろう大きな精神的衝撃は想像するに難くない。

赤松満祐、および（義教の首をはねた）安積行秀の首は、九月二十一日、都大路を引き回された。都大路を行く二人の首を見上げる人々の心には、おそらく複雑な思いがあったに違いない。二人は確かに幕府の叛逆者として糾弾され、処罰された。しかし義教の恐怖政治の時代に終止符が打たれたのは、ほかならぬ二人が罪を犯したおかげであり、これは人々にとって忘れがたいことだった。首は引き回しの後、獄舎の門の楝木に晒された。

都の封鎖は、徐々に解かれていった。しかし土民勢は、依然として寺の建物に立てこもっていた。土一揆が終わりを告げたのは、翌月の閏《うるう》九月に入ってからだった。(12)以後二十年間、なんとか全国的に平和が維持されたのは主として徳政令のおかげだった。嘉吉元年に確立された土民の一揆が徳政につながるという図式は、その後も頻繁に繰り返されることになった。残る室町時代を通じて、それは戦国末期まで続いた。(13)

二つの事件――いずれも嘉吉元年に起きた将軍暗殺と徳政令――は、室町幕府の歴史の転機となった。義教は血に飢えた暴君だったが、同時に指導力を備えた人物だった。それも軍事力によってというよりは、人格の力を通してさまざまな守護大名を統制した。学者の中には義教の時代が、極端に苛酷な一面があったにもかかわらず幕府政治の頂点を示していたと考える者もいる。義教の後継者は、誰も義教のように生まれながらにして備わった指導力を持たなかった。義教の死とともに、幕府の政策は宿老の衆議によって決定される義教以前の体制に戻った。同時にまた義教の死は、山名氏と細川氏の反目を表面化させた。これが二十六年後、応仁の乱を引き起こすことになった。

山名持豊（宗全）は、首尾よく満祐を追い詰めて殺した成果として、赤松氏の所領だった戦略上重要な三ヵ国を手に入れた。しかしながら、赤松一族は全滅させられたわけではなかった。かつて強力だったこの一族の残党は、山名氏の敵としての本性を日増しに現し始めた細川氏の支援によって、いずれ赤松家再興を果たすことになる。

義教の死後、幕府の最高実力者は細川持之だった。持之は幕府を引き継ぎ、義勝を次期将軍として擁立するお膳立てをした。義勝が日野重子《しげこ》（一四一一―六三）の息子であるという事実は、義勝の将軍職継承にあたって、あるいは障害となったかもしれなかった。日野重子は義教の正室の妹で、義教の側室だった。しかし、重子の兄の日野義資《よしすけ》の無礼な振舞に腹を立てた義教は、重子の姉を正室からはずした。代わりに義教は、側室の一人である正親町《おおぎまち》三条尹子《ただこ》を正室に据えた。日野義資は自宅謹慎の処分となり、赦免の嘆願は一切受けつけられなかった。ある夏の夜、義教は刺客を放ち、蚊帳の中に眠る義資を暗殺した。義資の所領は没収され、義教配下の大名に与えられた。

日野家全体が、義教の不興を買った形になった。義満の時代以来、将軍の正室はすべて日野家の女だった。平安時代の天皇の正室が、いずれも藤原家の女であったのと同じである。しかし義教は新しい正室として、日野家と張り合う公家一族の女を選んだのだった。

義勝が父の跡を継いで将軍になることができたのは、一つには事前に手を打って義勝を正室尹子の猶子にしたからだった。しかし義勝を後継に据えた功績の大半は、細川持之の政治的手腕にあった。義教暗殺の後、持之は他の有力大名に義勝後継の同意を取りつけただけでなく、少年将軍の有能な後見役であることを自ら示したのだった。義勝は嘉吉二年（一四四二）二月、読書始と手習い始の儀式を行なった。十一月に（通常より五、六年早く）元服した義勝は、朝廷の序列で左近衛中将に叙任され、晴れて征夷大将軍となった。

土一揆は、新将軍の短い治世の中で最も注目に値する事件だった。持之が義勝を後見している限り、少年は立派な将軍に成長しそうに見えた。しかし持之は嘉吉二年八月に死去し、管領職は畠山持国《もちくに》（一三九八―一四五五）の手に移った。前任者と違って、持国は義勝の指導育成に関心がなかった。また、幕府の権威を復活させることにも興味を示さなかった。代わりに持国は、幕府の主導権をめぐって細川氏との私的な抗争に明け暮れた。畠山持国の策謀が挫折したのは、畠山一族が二派に分かれて家督争いを始めたからだった。一派が持国の庶子を、一派が持国の養子（甥）を、次の家長として擁立しようとした。

この時期の武家社会の同盟と抗争の数々を記憶しがたいについては、対立する相手が目まぐるしく入れ替わったばかりでなく、登場する人物の名前が非常に似通っていたということがある（たとえば持豊、持国、持之は、それぞれ互いに敵対する三氏に属する実力者の名前だった）。むしろ考慮に値するのは、関係が複雑に交錯するこの時代に、いったい何が起こらなかったかということであるかもしれない。とりわけ有力守護大名の中で、なぜ誰一人として将軍に取って代わろうとする者がいなかったのだろうか。義教の死の直後の、特に幕府が弱体化していた時期に、これは困難なことではなかったはずだった。たとえば義勝の後に義政が将軍になった当時、幕府が支配していたのは近畿一帯から四国、中国地方だけだった。関東と九州はその土地の統治者の手中にあり、幕府の支配の及ぶところではなかった。

幕府の根本的な弱体化に加えて、この時期の幕府を率いていたのが少年将軍であるという特殊な問題があった。義勝にしてもその後継者である弟の義政にしても、武将たちを自分のために戦わせる気にさせるだけの器量を備えていたわけではなかった。守護大名たちは将軍の前に頭を下げて忠誠の誓いを立てたとしても、真面目に七、八歳の少年を総大将として仰ぐことは困難であったに違いない。しかしおそらく守護大名たちは、容易に操ることができて、どの派閥にも属していない名目上の将軍を持つことが意外と便利であることに気づいたのではないだろうか。あるいは、そこには皇室に対する崇敬の気持と同じように、室町幕府に対する忠誠心があったかもしれない。そのため最も実力ある守護大名でも、将軍職を奪うについては躊躇の気持があったのではないかと思われる。

嘉吉三年（一四四三）、義勝が赤痢で死去したため、将軍職は再び空席となった。(14) 跡目を継いだのは、義勝の弟である義政だった。[15] 義政の足利氏家督相続は、すんなりと決まったわけではなかった。義教には他にも数人の息子がいて、その中の別の一人が選ばれてもよかった。義政を後継と決めたのは、管領畠山持国だった。どうやら理由は、いまだに影響力を持っていた日野重子が義政の母親だったことにあったようだった。[16]

嘉吉三年、義政が足利家の家督を相続して二ヵ月後のことだった。南朝の後裔と称する一味三、四十人が内裏に侵入し、三種神器のうち神璽と宝剣の二つを盗み、比叡山延暦寺に運び去った。三日後、持国の指揮する幕府軍が比叡山に登り、首謀者たちの首を持ち帰った。宝剣は見つかったが、神璽はさらに十余年間にわたって南朝一味の手に渡ったままだった。この事件は、義政にとって憂鬱な治世の始まりとなった。[17]

内裏襲撃と神器紛失は当然、世の中に大きな不安を引き起こした。また細川、山名氏を始めとする大名たちが、義政擁立に密かに反対しているという不穏な噂もあった。管領畠山持国は、自分が選んだ将軍に反対する者たちを黙らせるだけの権威を持っていた。しかし、細川氏は持国に対して次第に敵意を募らせていった。文安二年（一四四五）、管領職が畠山持国から細川勝元《かつもと》（一四三〇―七三）へと移った。勝元は持之の息子で、当時まだ十五歳だったが、山名持豊の娘との縁組で大いに優位に立っていた。縁組による細川氏と山名氏の同盟は、畠山持国を失脚させる結果となった。持国は享徳四年（一四五五）、失意のうちに病死した。しかし、細川・山名の同盟は長くは続かなかった。義政の将軍擁立反対の動きは、いつの間にか姿を消していた。

第八代将軍足利義政は、永享八年(一四三六)に生まれた。兄の義勝とは二歳違いだった。母親は同じ日野重子で、日野家は藤原鎌足(六一四―六六九)の流れを汲むとされる由緒ある一族だった。日野氏の名称は、十一世紀に日野資業《すけなり》が法界寺薬師堂を建立した山城国宇治郡日野から出ている。(18)

もし兄が若くして死んでいなければ、義政はおそらく仏門に入っていたはずだった。しかし、義政は七歳で足利家の家督を相続することになった。義政が将軍になったのは、元服した文安六年(一四四九)、十三歳の時である。

少年期の義政に最も強い影響を与えた人物は、乳母の今参局《いままいりのつぼね》(?―一四五九)だった。(19)今参は、義満の時代から近習として将軍に仕えてきた名門大館《おおだて》氏の出身だった。義政が襁褓《むつき》の頃から世話をしたといわれ、もともと意志薄弱だった少年義政に自らの気性の激しさを植えつけたのが今参であるとされていた。(20)

義政がまだ少年だった頃、生母重子と乳母今参は二人とも政治に口を出すことで非難された。(21)明らかに当時の二人は、それぞれ将来の将軍との関係から個人的に有利な立場を得ようとしていた。しかし、二人の「干渉」の多くは、実際には強欲な守護大名から義政を守ろうとしたに過ぎないものであったかもしれない。

今参の「干渉」の有名な一例は、宝徳三年（一四五一）に起きた。その年、義政は尾張の守護代の織田敏広《おだとしひろ》を罷免し、代わりに以前義教の譴責《けんせき》にあって引退していた兄郷広《さとひろ》を守護代に据えた。義政の決定が知られるや、管領畠山持国と義政の生母日野重子は激しく反対した。いずれも、敏広の罷免が悲惨な争いを招くことを恐れたのだった。しかし、義政は譲ろうとしなかった。当時十五歳だった若き将軍が、尾張の守護代であるべき人物についてこのように強固な意見を持ったということは注目に値する。重子が耳にしたところによれば、義政は完全に今参の影響下にあるとのことだった。自分の意見が無視されたことに腹を立てた重子は、室町御殿を離れて嵯峨《さが》に隠居する構えを見せた。諸大名は重子に同情を示し、ついには義政も圧力に堪えることができず、守護代の更迭を撤回せざるを得なかった。この場は勝ったものの、重子の今参に対する憎悪の気持が消えたわけではなかった。(22)

義政の教育は、伝統的な慣行に則って行なわれた。正式に教育が始まったのは義政十歳の文安三年（一四四六）で、おそらく「孝経」を用いた通常の読書始からだったと思われる。しかし実際には、義政の教育はもっと早くに始まっていたに違いない。それは文武両道の伝統に基づき、将来の将軍にふさわしいと思われる方針に沿って実行された。義政は文学芸術に比べて、武術にはまったくと言っていいほど興味を示さなかった。(23) 義政は（教養人に必要な嗜みとして）和歌の詠み方を身につけ、飛鳥井流の流祖の下で書を学んだ。

義政の教育は、主として伊勢氏の手に委ねられた。皇室の長年にわたる慣習として、天皇の子供の養育は家臣の手に委ねるという決まりがあった（これは事実、明治天皇の子供の時代までそうだった）。将軍もまた皇室に倣って、通常は幼少期に子供の養育を家臣の世話に委ねていた。義政を最初に教育したのは伊勢貞国《いせさだくに》で、これは武士の故実に通じた人物だった。伊勢氏はもともと桓武平氏《かんむへいし》の家系の名門で、鎌倉時代に伊勢守を務めたことから伊勢氏を称するようになった。義満の時代以来、伊勢氏は政所執事《まんどころしつじ》の職を世襲していた。

義政の教育に対する伊勢氏——特に伊勢貞親《さだちか》（一四一七—七三）——の貢献は、義政が将軍だった時期を通じて伊勢氏に重要な地位を与えることになった。義政と貞親の関係は、極めて親密だった。義政は、自分より十九歳年長の貞親を「御父」とまで呼んでいる(24)。

享徳四年（一四五五）正月、三人の人物の似顔絵が都大路の目立つ場所に掲げられ、そこには次のような意味の文句が添えられていた。「今の政治は、三人の『魔』が操っている。御今《おいま》、有馬《ありま》、烏丸《からすま》である」と(25)。

三人の名前は、いずれも「ま」で終わっており、すなわち「魔」である。「御今」とは、もちろん今参のことである。有馬持家《ありまもちいえ》は赤松氏の一人で、朝廷に巧みに取り入っていた。烏丸資《からすますけ》任《とう》は日野氏の一人で、義政との絆は幼少の義政を家に引き取った時から始まり、それ以来親密な関係を維持していた。これら三人の「魔」は、義政をそそのかし、自分たちに有利となる布令を出させていると信じられていた。

この類の苦情、特に今参に対する不平不満は当時書かれたさまざまな日記に絶えず記録されている。禅僧の雲泉太極《たいぎょく》（一四二一―？）の日記『碧山日録《へきざんにちろく》』長禄三年（一四五九）正月の項は、幕政への今参の影響力の圧倒的な強さを記している。太極は、今参のことを義政の「嬖妾《へいしょう》」（気に入りの妾）と呼んでいる。この記述は、今参が果たして義政の乳母なのか愛人なのかという憶測を生んだ。おそらく今参は、そのいずれでもあったと思われる。[26] もし今参が少年義政を育てて成年男子にしたのであれば、十歳以上年長とはいえ義政に色恋の手ほどきをしたとしても驚くにはあたらない。義政は早熟だった。結婚するまでに義政はすでに数多くの色事を経験していて、三人の娘の父親でもあった。[27]

義政と今参との関係がどのようなものであったにせよ、今参が義政の正室になる可能性はまったくなかった。将軍の花嫁は、ここにきて再び日野氏から選ばれることになった。康正元年（一四五五）八月、義政は日野富子（一四四〇―九六）と結婚した。花婿十九歳、花嫁は十五歳だった。婚儀を祝って、朝廷は義政に右近衛大将の肩書を賜った。

日野重子は、自分の甥政光の娘富子が将軍の花嫁として選ばれたことを明らかに喜んでいた。今や重子にとって最大の問題は、いかにして今参を追い払うかということだった。義政は新妻を愛しているようには見えなかったが、年老いた今参にもすでに興味を失ってしまっているようだった。しかし、今参が幕政に大きな影響力を振るっている事実に変わりはなかった。義政の気持がふらつかないように、今参は佐子《さんこ》という同じ大館氏の若い女を側室に入れ、佐子は享徳四年に義政の娘を産んだ。[28]

長禄三年（一四五九）、富子は男子を出産した。しかし、子供は生後間もなく死んだ。今参が修験者を使って幼児が死ぬように呪詛させたに違いない、というもっぱらの噂だった。[29] 日野重子は幼児の死が呪詛のせいだという讒言《ざんげん》を信じ、責めを負うべきは今参であると義政を説いた。初めて授かった男子を失った義政は、強い怒りを覚えた。侍所長官京極持清に命じて今参を逮捕させ、琵琶湖中の沖の島に配流させた。四日後、今参は死んだ。今参は、溺死させられたという説もある。しかし、多くの史料によれば配所に向かう途中、今参は自分に死刑が宣告されたことを知り、死刑執行人を出し抜いて自ら切腹することを選んだ。女も伝統的な武士の作法に則って自殺できることを、今参は証明したのだった。[30]

今参の死後、富子と重子は共に悪夢に悩まされた。今参の怨霊が現れ、二人に取り憑いたかのようだった。富子が死産の疲れからなかなか恢復しなかったのは、呪詛の讒言の犠牲者に仕立て上げられた今参の怨念のせいだとされた。寛正四年（一四六三）、日野重子が重病をわずらった時、今参のための追善供養が催された。病気は、讒言にあって敗れた敵の祟りだと思われた。[31] かなり後の文明十二年（一四八〇）、富子の末子が片目を失明した時、富子はそれを今参の祟りであるとして、京都に新たに社を建て今参を祀った。[32]

今参亡き後、日野富子が義政を取り巻く女たちの筆頭であることは疑いの余地がなかった。男たちの中では、伊勢貞親が最大の権力を振るった。貞親は寛正元年（一四六〇）、政所執事の職を継承し、たちどころにその行政手腕を発揮した。幕府の財政状態が、過去の歴代将軍の時代のように豊かでなかったことは事実だった。しかし貞親には、資金不足のために幕府の屋台骨を壊してしまわないだけの商才があった。幕府の財政を切り回すにあたって義政が大して助けにならないということに、貞親はおそらく気づいたのだろう。義政が肉体的快楽にふけるように仕向け、そうすることで義政を国事から遠ざけた。

貞親は、富子については義政ほど上手に操ることができなかった。長禄三年、幕府は京に入る出入口にそれぞれ新しい関を設けた。これらの関で徴収される関銭は、伊勢神宮造替の資金として使われることが公表された。しかし当時の僧侶がつけていた日記によれば、これはただの口実だった。実際には、金は富子に流れたとされている。(33)この告発を裏づける確たる証拠はないにしても、富子が疑われたのは富子がことのほか金好きであるという世評を得ていたため(34)だった。幕府の収入の大半は、おのずと富子の懐に入る仕掛けになっていた。そのかなりの大金にも満足せず、富子はさらに金を高利で貸し付けた。

最近の研究家の一人は、おそらく富子の名誉を回復しようとして次のように書いた。「富子にはこれといった欠点がない。黄金をこのんだといわれているが、ケチではない。彼女は出すべき金を惜しげもなく出している」と。(35)

汚職で悪名高い女に対するこの再評価は、確かに興味をそそるものがある。しかし、だからといって当時の人々が書いた日記の中身を忘れさせるほどの力はない。富子の同時代の人々の日記は、いずれも富子の欲には限りがなかったという確信を表明している。数多くの漢詩で知られる高名な一休禅師は、富子を楊貴妃になぞらえることで間接的に富子を攻撃した漢詩数篇を残している。楊貴妃は美貌で中国皇帝の心をとりこにし、楊貴妃への愛情が皇帝自身の身の破滅を招くことになったことで知られている。

財宝米銭朝敵基　　財宝米銭　朝敵のもと、
風流児女莫相思　　風流の児女　相思うことなかれ。
扶桑国裏安危苦　　扶桑国裏　安危の苦、
傍有忠臣心乱糸　　傍らに忠臣ありて　心糸を乱す。(36)

財宝や金銭は国賊を作るもとであり、風流を解する女性は金銭財宝を貯めようなどと思ってはならない。日本国の安危を深く考えねばならず、天子の傍らには忠臣がいて心を乱れた糸の如く思い煩っている。

乾坤海内起烟塵　　乾坤海内《けんこんかいだい》に烟塵を起す、
昨夜東風逼四隣　　昨夜　東風　四隣に逼る。
禍復美人身上事　　禍は復す美人身上の事、
栄華可悔馬嵬春　　栄華悔ゆべし馬嵬《ばかい》の春。(37)

国内の天地に兵馬の土煙が立ちこめたが、昨夜来それを吹き払うように春風が吹き始めた。しかし、禍は美人の身上に繰り返しやってくるだろう。栄華をつくした楊貴妃が天宝の春、馬嵬で殺されたように後悔しなければよいが。

楊貴妃への言及は次のような警告として使われていて、それはたとえ美貌のために女が君主を魅惑できたとしても、その栄華は短命であるということだった。おそらく若い頃の富子もまた、美しかったのではないかと思われる。しかし、京都の尼寺に祀られている富子の木像の顔は、美貌というよりはむしろ決断力を思わせる。しかし、その決断力が仏教の救済に向けられていたか、さらなる蓄財の計画に向けられていたかは定かではない。

(1) 今谷明『足利将軍暗殺』一五五ページ。
(2) 永原慶二『下剋上の時代』八〇〜八一ページ参照。また、今谷、同右一三六ページ。
(3) 徳政の条文は、今谷、同右一一四ページに挙げられている。条文が墨書された木片は、一九二〇年代に滋賀県の大嶋奥津島神社で発見された。沙汰人が特にどういう理由で徳政を出したかは、条文からはわからない。
(4) 同右一三七ページ参照。
(5) 日蓮宗の法華堂(本圀寺)が放火され、下京の一部も焼かれた。今谷、同右一四一ページ参照。

（6）同右一四四ページにある『管見記』からの引用。
（7）同右一五九ページ。
（8）布令は十二日の日付になっているが、おそらく実際には十四日であったようである。今谷、同右一六一ページ参照。
（9）同右一六二ページ参照。
（10）同右一六四ページ。
（11）同右一六七ページ。
（12）閏九月十八日に出された徳政の条文については、今谷、同右一八八〜一九〇ページ参照。
（13）同右一九八ページ。
（14）学者の中には、義勝の死因を落馬と考える者もいる。武士の子として、義勝ができるだけ早く馬に乗ることを奨励されたことは間違いない。しかし、これには確たる証拠がない。河合正治『足利義政』二五ページ参照。
（15）義政という名前は、十七歳になった享徳二年（一四五三）から使われたものである。義政は幼名を三寅、三春といった。十歳の時、義成《よししげ》と変えられた。義成という二つの文字には、いずれも「戈《ほこ》」の部首が含まれている。これはいかにも武将にふさわしい名前だったが、平和を愛する将軍には不適切だった。そこで、自ら義政と改名した。
（16）河合、前掲書三三ページ参照。
（17）義政が実際に将軍になったのは、文安六年（一四四九）になってからである。しかし、足利家の家督を継いだことで次期将軍と決まっていた。
（18）森田恭二『足利義政の研究』二五ページ。一族は、「裏松」としても知られていた。

(19) この女性は常に今参、あるいは御今参と呼ばれているが、これが彼女の本名ではない。もともとは、宮中における新参の女官を指す一般的な名称である。
(20) 河合、前掲書三五ページ。
(21) 日野重子の干渉について詳しくは、高橋修「日野（裏松）重子に関する一考察――その政治介入を中心として」（『国史学』第一三七号）参照。
(22) 河合、前掲書三六ページ。
(23) 義政の書については、松原茂解説『室町 足利義政 百首和歌』六四〜六五ページ参照。この長巻の書（長さ六メートル）は、義政晩年の筆跡として極めて重要であると同時に、義政の詠んだ和歌百首としても貴重である。公家、上流武家階級、連歌師たちに人気のあった飛鳥井流は、公家の飛鳥井雅親（一四一七―九〇）が流祖。飛鳥井家は歌道、蹴鞠の家としても知られ、雅親は義政の歌鞠《かきく》師範も務めた。
(24) 森田、前掲書二七ページ。
(25) 同右五五ページ参照。森田の出典は、京都相国寺の禅僧である瑞渓周鳳《ずいけいしゅうほう》の日記『臥雲日件録』である。今参はここでは、くだけた呼び方の「御今」、烏丸は（現在でも京都でそう呼ばれているように）「からすま」となっている。
(26) 同右五六ページ参照。
(27) 吉村貞司『日野富子』三八ページ。
(28) 森田、前掲書五六ページ。
(29) 河合、前掲書三七ページによれば、富子は男子を産んだ。しかし吉村、前掲書四四ページは、女子であったという。森田、前掲書五七ページは、富子が赤子を産んだと書くことで論点を避けている。
(30) 河合、前掲書三七ページ。また、森田、前掲書五七ページ参照。
(31) 河合、前掲書三七ページ。
(32) 山本大「足利義政」(桑田忠親編『足利将軍列伝』)二〇〇～二〇一ページ。
(33) 森田、前掲書五九ページ。出典は、奈良興福寺の大乗院門跡尋尊《じんそん》(一四三〇―一五〇八)の日記『大乗院寺社雑事記』。尋尊は、公家の一条兼良の息子。
(34) 森田、同右五八ページ。
(35) 吉村、前掲書一一五ページ。
(36) 平野宗浄『狂雲集全釈』上巻二五九～二六〇ページ。歌語の「扶桑」は日本の別称。
(37) 同右二六〇ページ。「烟塵」は戦場を暗示している。おそらく「東風」は、東から束の間の安堵をもたらした細川勢のことだと思われる。楊貴妃は馬嵬で殺された。平野の解釈によれば、これらの漢詩が書かれたのは応仁の乱が収まりつつあった文明六年(一四七四)頃で、富子が将軍の実権を肩代わりし始めた時期にあたる。

第三章　将軍を取り巻く男と女

文安六年（一四四九）、十三歳の少年足利義政は元服して将軍となった。義政は、自分の父がどのように殺されたか、またその結果起きた権力争いについても知らされていたに違いない。まだ若い頃の義政は、祖父や父の時代の幕府の威光を取り戻したいという野心を抱いていた。まず義政がやったことは、すでに廃れてしまっていた慣習を復活させることだった。慣習の中には、少なくとも我々の眼から見て大して意味のないものもあった。たとえば義政は寛正元年（一四六〇）、幕府御所の門の一つを公用の車馬以外は通行禁止にした。この措置を取った唯一の理由は、義教の時代にそれが慣習となっていたからだった。(1) さらに義政は、義教の名で発布された文書の調査を命じた。理由は、文書のどの位置に義教が花押を記したかを正確に確かめるためだった。義政は、義教と同じ場所に自分の花押を記そうとした。いずれの場合も、その慣習が何故あったかということは問題にされなかった。重要なことは、現在よりはるかに輝かしかった過去の時代のどんな断片でもいいから復活させることだった。

過去を復活させようという義政の努力は、しかし、取るに足らぬことばかりに向けられていたわけではなかった。一般に義政は歴史学者によって行動力に欠ける男、幕府の権威の侵害に無関心な男として描かれている。しかし、若い頃の義政は確固たる信念を持って大名を統制しようとしていた。それが失敗に終わったのは、主として義政の性格の弱さのためだが、一つには当時の情勢が義満や義教のような権威を振るうことを将軍に許さなかったという背景もあった。(2)

義政の最大の欠点は、日本文化に対する多大な寄与となった義政自身の美的趣味と密接に関係していた。御殿の建築に向けられた義政の情熱は、独自の新建築の発展を促した。しかし同時にそれは莫大な借財と、向こう見ずな財源集めにつながった。長禄二年(一四五八)、将軍御殿(烏丸殿)の贅沢な修復工事が完成するまさにその年、義政はこの御殿を昔の室町第のあった場所へ移すべきだと決意した。おそらく、そこに御殿を建てた義満の時代への郷愁のなせるわざであったと思われる。その莫大な経費にもかかわらず、義政の願いは通された。移築工事は、金に糸目をつけずに遂行された。

これらの新しい御殿、および義政の他の浪費の支払いにあてる財源集めの第一の計画として、幕府は借金を無効にする「徳政」を認めることにした。徳政の恩恵を受ける人々は、債務の十分の一を幕府に納めることが条件だった。この「分一《ぶいち》徳政」と呼ばれる最初のものが、享徳三年（一四五四）に発布された。利口な人々が幕府の規制の裏をかくのに、大して時間はかからなかった。期待された財源は、具体化しなかった。長禄元年（一四五七）、近畿一帯で高利貸しに対する蜂起があった後、幕府はこれとは別に異例の徳政を出した。今度は高利貸し業者の方の救済を約束したもので、業者は貸した金額の五分の一を幕府に納付することが条件になっていた。また、貸主と借主との間で共謀があった場合には双方を処罰することが定められていた。

財源集めの第二の計画は、より効率はいいが極めて不人気なものだった。街道沿いに新しい関を設け、通行者から通行銭を徴収することにしたのだった。通行銭の強要は当然のことながら多くの人々を怒らせ、いたるところで蜂起があった。長禄三年、幕府は従来の関を撤去し、京都に出入りする「七口《しちこう》」に新たに関を設けた。(3) 新しい関は、かなりの収益をもたらした。しかし収益金は、衰退の一途を辿っていた幕府を救済するには不十分だった。

義政は、武家政権の長に是非とも必要な武勇の気質に欠けていた。義政の祖父である足利義満は、能への深い造詣にもかかわらず体質的に武人だった。しかし義政が願っていたのは無敵の武将になることではなくて、第二の光源氏になることだった。(4) 義政には、十分その資格があった。美青年で、繊細な感覚を持ち、女にとって抗しがたい魅力を備えていた。また義政の趣味は貴族のもので、武士のものではなかった。当時の禅僧の一人は義政を指して、「温恭和順」の徳がある、と言っている。(5) それ自体は好ましい美点だが、武家の棟梁に第一に必要とされる特質ではなかった。

少なくとも若い頃の義政は、民衆の福祉を心にかけていた。義政の温和で思いやりのある気質は、苛酷な飢饉による被害を救済するための多額の施しに示されているかもしれない(6)。しかし、この義政の気前のいい衝動には別に理由があったようだった。逸話によれば、父義教が束帯姿で義政の夢枕に立ち、次のように告げたという。自分は生きている間に数々の罪を犯し、そのために今苦しんでいる。しかし、自分は善行もなした。だから、再び将軍として生まれ変わるはずである。飢饉に苦しむ者たちに施しを与えてはくれまいか。そうすれば、地獄で堪えている自分の苦痛も和らぐことになる、と。夢から覚めた義政は、直ちに幕府奉行人を呼び、施しを与えるよう命じた(7)。

別の逸話によれば、義政は自分の裕福な生活と、庶民の悲惨な生活との間に大きな落差があるということに気づいていたようだった。たとえば寛正二年(一四六一)、西芳寺(「苔寺」の名で親しまれている)に紅葉狩りに出かけた際、義政は側近の者に次のように尋ねたという。紅葉は輝くばかりに美しいのに、洛中の人家が衰微しているのはなぜか、税をかけすぎたためだろうか、と(8)。

義政が一般庶民の福祉に関心を抱くこうした機会は、しかし次第に稀になっていった。仮りに飢饉の苛酷な影響に気づいていたとしても、義政は飢えている者たちを救済するために自分の出費を減らそうとは考えなかったようだった。飢饉の最悪の時期でさえ、義政は名所の梅や桜を愛でたり、能を観覧するといった娯楽を慎もうとはしなかった。また、広大な庭が花々で満ちていることから「花の御所」の名で知られた室町御殿再建のために、莫大な金を費やすことを躊躇しなかった。

さらに悪いことに、義政は幕府の過去の栄光を復活させようとする試みに失敗したと気づいた時、酒と女に耽溺することで自分の失敗を忘れようとして放蕩三昧な生活を送った。すでにこの頃には、国や民衆のために尽くす義政個人の努力は限りなく無に近かったと言っていい。義政は、取り巻きの追従者たちによって世の批判から遮断されていた。また武家階級全体に浸透していた贅沢、特に義政の気ままな贅沢を当然のことと見なす幕府高官たちの暮らしぶりもまた、世間の批判から義政の耳を閉ざす結果となった。

長禄三年に始まった飢饉は、三年間続いた。長引く旱魃《かんばつ》のあとに豪雨が続き、豪雨のあとは残った穀物を片端から食い尽くすイナゴの襲来だった。飢饉は京都から瀬戸内海沿岸、日本海沿いの地域にいたるまで、国の大半に被害を及ぼした。田舎では多くの人々が飢え、さらに多くの人々が食料を求めて必死で都へ向かう途中、行き倒れとなった。「花の御所」の内は除いて、死は遍在しているかのようだった。『碧山日録』寛正元年三月の項は、飢える貧者の悲惨と富者の傲慢とを対比させ、大略次のように記している（原文は漢文）。

日が落ちて帰路につき、六条を通りかかると、一人の老婦が子供を腕に抱えているのに出会った。老婦は何度か子供の名前を呼び、それから泣き叫び始めた。私はそれを見て、子供がすでに死んでいるのだとわかった。母親は泣き叫びながら、地面に崩れ落ちた。近くに立っていた人々は、どこから来たのかと老婦に尋ねた。老婦は、次のように応えた。自分は、河内から歩き続けて来た。三年間にわたるひどい旱魃で、稲は芽さえも出なかった。土地の役人は残酷で貪欲で、多額の税を要求し、慈悲のかけらも見せなかった。もし払わなければ、殺すと言うのだ。だから自分は他国へ逃げ出し、物乞いをして食料を得なければならなかった。しかし、この子に食べさせるものは何も得られなかった。自分は飢えていて、気力が萎えている。すでに限界に来ているのだ、と。

老婦は話し終わると、再びむせび泣いた。私は懐から、あり合わせの金を取り出し、老婦に与えて、こう言った。この金で、その子を埋葬する男を雇いなさい。私は庵に戻って三帰五戒を唱え、その子に戒名をつけ、成仏するよう祈りを捧げよう、と。子供の母親は、いたく喜んだ。

私がまだ老婦の悲しい話のことを思いめぐらしていると、花見に出かけてきた貴公子たちの一行に出くわした。一行には大勢の騎馬の男たち、召使、家来が従っていた。その威勢には、誰はばかるものがなかった。ある者は路上の人々を睥睨《へいげい》し、ある者は馬前の召使を罵っている。またある者は、ふざけて花を盗んでいた。ある者は酔って歌い、刀を抜いた。ある者は、反吐を吐き、歩くことができなくて街頭にだらしなく横になった。あたり一面がそのような光景で、これを見た者は誰もが顔をそむけた。たまたまこの一行と出くわした人々は、その狼藉に怯えて驚いて道を空けた(9)。

このような批判は当時、もちろん公然と表明されたわけではなかった。しかし少し後に書かれた文書には、貧者の苦しみに対する公家の傲慢な鈍感さが、よく応仁の乱の原因として挙げられた。

大乱ノ起ルベキ瑞相ニヤ、公家武家共ニ大ニ侈リ、都鄙遠境ノ人民迄花麗ヲ好ミ、諸家大営、万民ノ弊言語道断也。之ニ依テ万民憂悲苦悩シテ、夏ノ世ノ民ガ桀王《けつおう》ノ妄悪ヲ恨デ、此日何カ亡ン。我爾ト倶ニ亡ント謳シガ如シ。若此時忠臣アラバ、ナドカ之ヲ諫メ奉ン哉。然レドモ只天下ハ破レバ破ヨ、世間ハ滅バ滅ヨ。人ハトモアレ我身サヘ富貴ナラバ、他ヨリ一段瑩羹《えいこう》様ニ振舞ント成行ケリ(10)。

大乱の起こる前兆だったのだろうか、公家も武家も大いに奢り、都や村や遠境に住む人々までもが華麗を好み、諸家の富裕と万民の窮状は筆舌に尽くしがたいものがあった。万民は憂悲苦悩し、中国の夏王朝の民が桀王の妄悪を恨んで声をそろえて言ったように、「このような日が滅びないはずがない。我らも共に滅びるだろう」と叫んだ。もしここに忠臣がいたならば、どうして諫言しないはずがあろうか。しかし人々は、ただ「国が乱れるなら乱れよ、世間が滅びるなら滅びよ。他人はどうあれ、我が身さえ富貴であるならば、より一段と華やかに振舞えばいい」と考える有様だった。

当時の数々の日記に、賀茂川が死体で塞き止められたり、悪臭が都中に蔓延している様子が描かれている。たとえば『碧山日録』によれば、五条大橋に立って川を見下ろした時、太極には死骸が群をなして川を覆っているように見えた(11)。太極は、一人の僧が成仏を願って約八万二千の死骸の上に一つ一つ木の小片で作った卒塔婆を置いていく話に触れている。洛中で死んだ者たちとは別に、洛外のいたるところにさらに多くの屍が横たわっていた(12)。人肉嗜食の話も伝えられた。

しかし義政は、死骸が賀茂川を塞ぎ、都に異臭が充満してもなお室町御殿の改築の手を休めようとはしなかった。さらに義政は、別のまったく新しい御殿の建築も計画していた。伝えられるところによれば、このいかにも無神経と思われる振舞をあえてたしなめたのは、後花園天皇ただ一人だった。天皇は寛正二年(一四六一)、義政に漢詩を送った。数年後に編まれた年代記は、その次第を次のように記している。

同年ノ春ノ比ヨリ天下大キニ飢饉シ又疾疫悉《ことごと》クハヤリ、世上三分二餓死ニ及。骸骨衢《ちまた》ニ満テ道行人アハレヲモヨヲサズト云コトナシ。然ドモ時ノ将軍義政公ハ去ル長禄三年二月花ノ御所ヲ作リ、是ヲ御テウアイ有リ。山水草木ニ日々人民ヲツイヤシ、水石ヲ立ナラベ、国ノ飢饉ヲアハレミ玉フ事ナク、アマツサヘ新殿ヲツクリ立ラル。其比ノ帝王御花苑院、是ヲ聞召テ将軍ヘ一首ノ御製ヲ給。

残民争採首陽薇　　残民　争ひて首陽の薇を採る(13)
処々閉序鎖竹扉　　処々序を閉じ竹扉を鎖す
詩興吟酸春二月　　詩興の吟は酸なり春二月
満城紅緑為誰肥　　満城の紅緑　誰が為にか肥へたる(14)

将軍家是ヲ拝見有テ大ニ恥サセ給、新殿造営ヲ留玉《とめたまい》ケリ。誠ニ君モ君タリ臣モ臣タリト世挙テ感悦シ奉ル(15)。

寛正二年の春頃より、天下に大飢饉があり、あらゆるところに疾疫がはやり、国民の三分の二が餓死するに及んだ。骸骨は巷にあふれ、道行く人は皆哀れを催さずにはいられなかった。しかし時の将軍義政公は去る長禄三年二月に花の御所を作り、これを寵愛した。山水草木の庭造りに毎日人を使い、泉水や庭石の趣向を凝らし、国の飢饉を哀れむどころか、さらに新殿を建築している。時の天皇である後花園院は、これを耳にされ、将軍に宛てて一首を詠まれた。

生き残りの民は争って首陽の薇を採り、

家々は垣を閉じ竹扉を鎖している。
詩に興じるには痛ましくも辛い春二月、
都に満ちる花紅、新緑は誰のためか。

将軍家は、これを拝見して大いに恥じ、新殿の造営を中止した。まことに主君が主君ならば臣も臣であると人々は感悦した。

かりに漢詩の裏にある風刺——天皇がほのめかしたのは、将軍だけが春を楽しむことができるということだった——に気がついて恥じ入ったとしても、義政が実際に室町御殿の改築をやめたわけではなかった。また寛正五年(一四六四)、後花園天皇が退位して間もなくこの御殿を訪れた時、天皇はその多大な出費を非難するどころか御殿の数多くの洗練された美しい造作を称えている。さらに言えば、この漢詩によって当時別に建築中だった義政の生母日野重子のための高倉御殿の建造が中止されたわけでもなかった。義政を叱責したという天皇の逸話は、やや道学的な語り手の創作であったかもしれない[16]。

かつての将軍たちの威光を取り戻そうとして失敗した義政は、この時点で美的快楽にすべてを捧げるために将軍職から身を退く決意だったかもしれない。しかし義政は、後継者を得るまでは将軍職を退くわけにいかなかった。後継者は、ほんの子供でもよかったわけだった。しかし、義政には男子がなかった。日野富子は、例の今参の呪術によって阻まれたとされる出産以来、子を宿すことがなかった。義政は一案を思いつき、四歳の時から天台僧となっていた異母弟の足利義視《よしみ》（一四三九―九一）を説得し、還俗させようとした。

義視（当時は義尋《ぎじん》）は、僧門を離れることを極端にいやがった。還俗することなど考えられない、と再三辞退した。おそらく義視が懸念していたのは、もし義政の提案に同意すれば、義政自身に男子が誕生した際に自分の地位が剝奪される恐れがあるということだった。この義視の懸念を取り除くために義政は、次のように言明した。仮りに男子が誕生してもその子は僧門に入れる、いったん約束した将軍後継に変更などあり得ない、と。さらに、天地神明にかけて約束は守ると誓文に書き、義視に与えた(17)。この保証を得て義視は寛正五年（一四六四）に還俗し、義政と日野富子の猶子となった。今出川に御殿を与えられた義視は従五位に任じられ、新しい両親とともに社交の世界に出入りするようになった(18)。

義政は、今や後継者を得た。しかし、計画通りに将軍職を退くことはできなかった。おそらく富子の懐妊を知らされたためだったと思われる。寛正六年十一月、富子の男子出産を知って国中が沸いた(19)。富子は、義視を後継に据えることを天地神明にかけて誓った夫の約束が無念でならなかった。なんとか義視に代えて、自分の息子を後継に据える方法を見つけようとした。富子は、今や最強の大名である山名宗全（持豊）に密かに書簡を送り、息子を宗全の保護下に置くよう頼んだ。書簡の中で、富子は次のように説いた。三十歳の高齢になってやっと授かった男子を手放し、寺に入れて剃髪させ、墨染めの衣をまとわせるのは、なんとも忍びがたいことである、と。

宗全は富子の書簡を読み、次のように判断した。もし義視が将軍職を継げば、後見として父のように振舞っている政敵細川勝元を当然贔屓にするだろう。そうなれば山名一族にとって大いに不利なことになる、と。宗全は、自分の同盟軍と勝元の同盟軍が衝突する可能性を予感した。しかしこの際、それは宗全にとって問題ではなかった。戦争は、政敵細川を滅ぼす絶好の機会となるかもしれないのだった。要請に応じる、と宗全は富子に伝えた。(20)

これが、応仁の乱の直接の原因だった。山名は細川が擁立する義視に対抗して、富子の息子の義尚を擁立したのだった。『応仁記』の作者は冒頭の一節で、戦乱によって天下が大いに乱れる原因を作ったのは義政、とりわけ義政を取り巻く女たちである、と非難している。

尊氏将軍ノ七代目ノ将軍義政公ノ天下ノ成敗ヲ有道ノ管領ニ任サズ、只御台所、或ハ香樹院、或ハ春日局ナド云、理非ヲモ弁ヘズ、公事政道ヲモ知リ給ザル青女房比丘尼《びくに》達、計ヒトシテ酒宴婬楽ノ紛レニ申沙汰セラレ……。(21)

尊氏将軍から七代目の将軍義政公は、天下の政治を徳の備わった管領に任さなかった。御台所(富子)、香樹院(重子)、あるいは春日局などという事の理非もわからぬ、また公務や政治の道を知らぬ若い女や尼僧たちの考えのままに、酒宴や淫楽にまぎれて政務が執り行なわれた。

国の不幸を女の影響力のせいにするのは、もちろん今に始まったことではない。中国皇帝が悲惨な目に遭うのは、だいたい「傾城《けいせい》」の女のためだとされた。日本では、『源氏物語』の桐壺に対する天皇の情熱的な愛にひそむ危険性が、冒頭近くに次のように活写されている。

上達部《かんだちめ》・上人《うえびと》なども、あいなく、目をそばめつゝ、「いと、まばゆき、人の御おぼえなり。唐土《もろこし》にも、かゝる、事の起りにこそ、世も乱れ悪しかりけれ」と、やうやう、天の下にも、あぢきなう、人のもて悩みぐさになりて、楊貴妃の例《ためし》も、ひき出でつべうなりゆくに……。(22)

公卿、殿上人なども、おもしろくないので横目で見ながら、「まともに見ていられないほどの帝の寵愛ぶりである。中国でも、このように無分別な情熱が国を乱したのである」と憂い、これが時がたつにつれて人々の悩みの種となり、玄宗皇帝の寵妃であった楊貴妃の例も引かれるようになって……。

義政の生母日野重子と妻日野富子は、当時の年代記作者によって女が有害な影響を及ぼす極端な例として挙げられている。女人禁制のため西芳寺の美しい庭に入ることができなかった重子を慰めるために、義政は寛正三年（一四六二）、重子のために新築した高倉御殿に西芳寺の庭をそっくり再現してみせた。(23) これは、確かに親孝行のなせるわざと言ってよかった。しかし、大飢饉の直後に最高の芸術家によって飾り立てられた豪華な御殿を建てたことを、当時の日記の筆者たちが称えるはずもなかった。

義政は、妻の富子の貪欲を抑えることができなかったようだった。これもやはり、女が政治に干渉することに幻滅を抱いた『応仁記』の作者に共感する現代の歴史学者たちの軽蔑を買う結果となった。しかし、当時の傑出した学者である一条兼良（一四〇二―八一）は、文明五年（一四七三）前後に書いた作品の中で、政治における女の役割についてかなり異なった意見を表明している。

大かた女といふものは、わかき時は親にしたがひ、ひととなりてはおとこにしたがひ、老ては子にしたがふものなれば、我身をたてぬ事とぞ申める。いかほどもやはらかになよびたるがよく侍ることにや。大かた此日本国は和国とて女のおさめ侍るべき国なり。天照大神も女躰にてわたらせ給ふうへ、神功皇后と申侍りしは八幡大菩薩の御母にてわたらせ給しぞかし。新羅百済をせめなびかして、此あしはらの国をおこし給ひき。（中略）されば女とてあなづり申べきにあらず。むかしは女躰のみかどのかしこくわたらせ給ふのみぞおほく侍しか。今もまことにかしこからん人のあらんは、世をもまつりごち給ふべき事也。(24)

一般に女というものは、若い時は親に従い、大人になっては夫に従い、年をとっては子に従うものであるから、自ら身を立てる必要はないと言われている。女は優しく、従順であるのがよいとされる。しかし日本国は和国と呼ばれ、女が統治すべき国なのである。天照大神は女だったし、神功皇后は八幡大菩薩の母にあたり、新羅と百済の王国を攻めて服従させ、この葦原の国を建てた。（中略）女だからといって、あなどっていいものではない。古代には、多くの女帝が威厳をもって国を統治した。今でも、真に威厳を備えた女人であれば、国を統治すべきなのである。

これらの言葉を書いた時、兼良は富子の機嫌を取り結ぼうとしていただけだったかもしれない。しかし兼良は、女の影響力の仕業とされる数々の災難の例にもかかわらず、女は国を統治する地位につくに値すると本気で信じていたのではないかと思われる。

富子の影響力が国のためになったかどうかはともかく、疑いの余地がないのは義視に対する固い誓いを義政に破らせるようなことになっても、富子が自分の息子を次の将軍にしたいという強い願望を持っていたこと、そしてそれが戦争勃発の一つの原因になったことである。ほかにも、この時代の政治史、経済史に書かれていい数多くの原因があった。たとえば畠山氏および斯波《しば》氏の家督争いは、これに続く戦乱で敵対する主力となった山名氏と細川氏を対立させるのに一役買った。また同時に消極的な原因も幾つかあって、もし幕府が義満や義教のような将軍にしっかりと率いられていたならば、応仁の乱は起こらなかったかもしれなかった。

戦乱が拡大するにつれて、その最も異様な特徴として明らかになったことは、将軍（と天皇）がこの戦争に加わっていないという事実だった。しかも十年間にわたる戦争で壊滅させられたに等しい京の町に、この二人はずっと住み続けていた。『応仁記』の作者は、富子を始めとして将軍を取り巻く女たちに明らかに偏見を抱いていたが、戦争勃発に対する男たちの責任を問うことも忘れなかった。義政は、もちろん浪費と指導力の欠如のために非難された。

長年にわたって義政の後見役を務めた伊勢貞親は、さらに厳しい扱いを受けた。貞親は、汚職官吏として糾弾された。貞親の差配する政所での評定は、最も高額の賄賂を払った者に好意的だった。貞親の「色好み」と「淫着（肉欲におぼれること）」も、やはり『応仁記』に当時の腐敗を象徴するものとして槍玉に挙げられている。皮肉なことに、この人物は「愚息」を指導するために作成した立派な「教訓」によって最もよく知られていた。義政も熟知していたに違いないこれらの「教訓」は、仏と神を信じ敬うことの重要さを強調しているばかりでなく、官吏としての正しい振舞、上下の区別なく人に対処するにあたっての適切な礼儀作法、武士にとって望ましい芸術的な嗜みといった処世万般について論じている。(25) 当然、貞親の「教訓」は肉欲の喜びや収賄については何も触れていない。しかし、これについては義政は貞親の私生活から直に影響を受けていたかもしれない。その私生活は、いかにも教訓とは対照的なものだった。若き将軍の性格を形成する上で、貞親の影響は決して有益なものとは言えなかった。事実それは、戦時における将軍の役割について義政に何も教えなかった。

応仁の乱として知られることになる武力衝突の遠因は、もともと管領職の家督相続をめぐる畠山氏内部の対立する二派の分裂に端を発していた。この畠山氏の分裂は、将軍家後継争いの状況に奇しくも一致していた。一般に流布されている俗説によれば、事の経緯を圧縮した形で次のようになっている。男子の後継者を得られなかった畠山持国は、自分の後継者とする約束のもとに甥の政長《まさなが》を養子にした。ほどなく持国の側室の一人が男子を産み、これが義就《よしなり》だった。実子の義就を溺愛するようになった持国は、隠居するにあたって政長との固い約束にもかかわらず義就を後継に据えようとした(26)。義就、政長には、それぞれ強力な擁立派が味方についた。ほどなく敵対する従兄弟同士をそれぞれ支持する両軍の間で戦闘が勃発し、寛正五年(一四六四)、政長がついに都に凱旋して管領に就任するまで約十年間にわたり戦闘は散発的に続いた。

これで、畠山家の内紛には終止符が打たれたはずだった。しかし実際のところ争いはさらに長引き、ついには将軍家の家督をめぐる義視と義尚の間の争い、および斯波氏の家督をめぐる同種の争いと密接に絡み合うことになった。これら数々の事件や関係者すべての名前を覚えることは、極めて困難なことである。最も重大な事実は、婚姻関係によって同盟していた細川氏と山名氏がすでに離反し、敵対勢力に戻っていたことだった。

運が上昇しつつあった山名氏は、この時点で敗れた畠山義就支持を表明し、義就を都へ戻すについて義政の裁許を得た。義政は山名宗全に完全に威圧されていたようで、いったん出した政長の管領職の任命を撤回してしまった。宗全は自分の威力に自信を得て、今度は細川勝元に政長への支援をやめるよう要求した。宗全の影響下にあった義政は、同じ趣旨の警告を勝元に送った。これに対する勝元の返答は、戦闘に備えて屋敷に部隊を結集したことだった。戦争勃発の気配に驚いた義政は山名、細川の双方に対し、意外にも断固たる調子で畠山の紛争には口を出すな、と命じた。

勝元は将軍の命令に従ったが、宗全は密かに義就に援軍を送った。これによって勝元の決起を促し、ひいては勝元が支援を控えているという報せを受けた政長は、攻撃の決意を固めた。勝元が支援を控えているという報せを受けた政長は、攻撃の決意を固めた。

自分に運がめぐってくることを期待したのだった。政長は、自ら退路を絶つことを示すかのように屋敷に火をかけた。これを知った将軍義政は、政長が近くにある内裏を占拠することを恐れ、直ちに天皇と上皇を「花の御所」に避難させた。

応仁の乱[27]は、文正二年一月十八日（一四六七年二月二十二日）に勃発した[28]。場所は、内裏からそれほど離れていない洛北の上御霊《かみごりょう》神社だった。戦闘は、午後に始まった。しかし、夕暮れが近づいても決着はつかなかった。政長は勝元に援軍を要請したが、勝元は将軍の命令に従って動かなかった。政長は敗北を予感したのだろう、勝元に酒肴の差し入れを求めた。おそらく別れの杯を酌み交わすつもりだったと思われる。勝元は、代わりに鏑矢一筋を贈った。これは、最後の一戦を華々しくやれ、という意味だった。政長は敗北し、鏑矢一筋に込められた意味を無視して逃亡した。政長軍の五、六十人が戦死した。相国寺に逃げ込んだ兵も、多くは翌朝自決した[29]。

上御霊神社での戦闘は、小規模なものだった。政長軍はおそらく約五百、義就軍は約一千だった。山名は義就を支援した。しかし勝元は、あくまで義政の命令を破ることを避けた。おそらく幕府を重んじる気持から出たものだろうが、しかし勝元側に軍勢がまだ揃わなかったという事実が大きかったかもしれない。山名勢は、勝利に狂喜した。戦闘は、これで終わったかのように見えた。天皇と上皇は、内裏に戻った。公家たちは、「文正」という年号が戦闘の原因であると決めつけ、平和を願って年号を「応仁」と変えた。(30) 平和が回復されたという幻想は、しかし長くは続かなかった。山名との政治的決着に見込みがないと判断した勝元は、戦闘の準備を急いでいた。

(1) 横井清『東山文化』一一一ページ。
(2) 同右一一〇〜一二〇ページ参照。
(3) 「七口」という言い方は、よく使われた。しかしその数は、必ずしも正確ではない。「七」という数字は、京都に入るすべての道路の総称で実際の数とは関係なかった。同右一一七ページ参照。
(4) 吉村貞司『日野富子』五八ページ参照。
(5) 横井、前掲書一一九ページ参照。
(6) 森田恭二『足利義政の研究』七五〜七六ページ参照。森田は、義政が当時の民衆の苦しみにまったく関心がなかったという長年の定説に反駁し、義政が貧者を救うために与えた金や、飢饉によって極貧の状態に置かれた人々に避難所をあてがうために義政が建てた小屋を引き合いに出している。しかし、これらの行為を率先して行なったのは主として家臣たちで、それも必ずしも義政に促されてのことではなかった。
（7）横井、前掲書一二〇～一二一ページ参照。
（8）河合正治『足利義政』四二ページ。季瓊真蘂が記した『蔭凉軒日録』からの引用。
（9）竹内理三編『碧山日録』七三～七四ページ。これは、寛正元年（一四六〇）三月十六日の項。梅見の遊山での公家たちの振舞を描いた同じような情景が、寛正二年二月十八日の項に描かれている（同書一一〇ページ）。
（10）『応仁記』（「群書類従」巻第三百七十六）三五六ページ。
（11）竹内編、前掲書一一二ページ。寛正二年三月三日の項。
（12）同右一一一ページ。寛正二年二月晦日の項。
（13）周の武王の不正を憎んだ伯夷・叔斉の兄弟は、周の俸禄を受けるくらいなら薇で飢えをしのいだ方がましである、と首陽山に隠れ住み、ついには餓死した、という中国の故事による。
（14）「紅緑」は、もちろん春の花と新緑のこと。漢詩原文は河合、前掲書四五ページ、横井、前掲書一二五ページにも紹介されているが、両者の引用にはわずかに異同がある。
（15）『新撰長禄寛正記』（「群書類従」巻第三百七十五）三三四ページ。芳賀幸四郎（『東山文化』一五～一六ページ）は、この話はおそらく事実だろうと言っているが、他の学者は意見が分かれている。
（16）横井、前掲書一二六ページ。横井は、義政を叱責する漢詩を天皇が実際に送ったかどうか疑っている。
（17）『応仁記』三五八ページ。

(18)　森田、前掲書八二ページ。御殿のあった場所の名称から、義視は「今出川殿」として知られた。この御殿は、もともと義視の母の一族である三条氏のものだった。

(19)　子供の父親は義政でなく後花園天皇である、という噂があった。吉村、前掲書七一〜七二ページ参照。

(20)　『応仁記』三五九ページ。

(21)　同右三五五ページ。

(22)　山岸徳平校注『源氏物語』(「日本古典文学大系」一四)二七ページ。

(23)　河合、前掲書四八〜四九ページ参照。また、吉村、前掲書五八ページ参照。

(24)　一条兼良『小夜のねさめ』(『群書類従』巻第四百七十六)一八三ページ。兼良は、富子の息子である少年将軍足利義尚のために、将軍家の政道を示す『文明一統記』、『樵談治要』を書いた。同様の趣旨で、富子のために女人政治を説いたのが『小夜のねさめ』である。「かしこく」は、本物の王者の威厳から生まれる印象を指す「畏敬の念を抱かせる」、「威厳のある」、「仁慈あふれる」等々の意味である。

(25)　教訓の主要な部分は、森田、前掲書二八〜三四ページに紹介されている。

(26)　この説は、どう見ても疑わしい。政長(一四四二―九三)が生まれたのは、義就(一四三七―九〇)より後である。したがって、持国が政長を養子にした後で、義就が誕生するということはあり得ない。おそらくこれは、将軍家の家督争いに辻褄を合わせた俗説であると思われる。
　今谷明によれば、はじめ持国は家督を末弟の持富に指名した。ところが文安五年(一四四八)になって急遽、持富を廃嫡し、庶出ではあるが実子の次郎(のちの義就)を跡目に据えた。これを不服とする持富派は、細川勝元の支援を得て持富の子弥三郎を擁立し、義就派と戦った。さらに弥三郎の死後は、その弟政長を擁立して戦った。政長を後押しする勝元は、伊勢貞親を賄賂で籠絡して将軍義政を動かし、その結果、政長は長禄四年（一四六〇）に畠山の家督を継いだ（『日本国王と土民』二四一～二四三ページ）。畠山家内紛の諸説について詳しくは、永島福太郎『応仁の乱』六二～六五ページ参照。

(27)「応仁の乱」の名称は、一四六七年から六八年までの年号から取られている。しかし、この年号が適用されたのは三月からで、実際に戦闘が始まったのは二ヵ月早い文正二年一月だった。また、戦闘は応仁時代を過ぎて文明九年まで続いた。しかし、「応仁の乱」という名称が戦争全体にわたって使われている。

(28) 戦闘の始まりがいつであったか、その諸説については永島、前掲書一～二ページ参照。

(29) 同右一一三ページ参照。

(30) 同右一一五ページ。

第四章　応仁の乱と東山趣味

応仁の乱は、建前上は足利義視（義政の異母弟）と足利義尚（義政の息子）のどちらが義政の後継として将軍になるかを決するための戦いだった。しかし本質的には、日本を支配する主導権をめぐっての細川氏と山名氏との戦いと言っていい。戦乱は約十年続いたが、戦場となったのは主に京都だった。そのため当時日本で唯一の大都市が、ほとんど壊滅させられる結果となった。栄光の絶頂期にあった京都の景観を覚えている人々によって数々の文書が残されたが、そこには戦乱後の京都に戻って町が激しく破壊された姿を目のあたりにした時の衝撃が語られている。もちろん世界中の多くの都市が、特に近年になって市街戦や爆撃で壊滅的な被害を受けた。しかし建物が煉瓦や石で作られていれば、少なくとも空洞となった建物の形骸が元の町の面影を伝えてくれるはずである。京都の建物は、木造だった。戦闘の後に残されたものは、土や漆喰で壁を固めた土蔵と、奇蹟的に火災を免れたわずかな寺々だけだった。荒廃は、ほとんど京都の全域にわたった。

戦乱が始まる前の主要な建物の位置を示す京都の地図を見ると、それが互いに近接していたことに驚かないわけにはいかない。山名氏と細川氏の屋敷を隔てている距離は、ほんの数分で歩くことができた。また双方の屋敷から将軍の「花の御所」と天皇の住む内裏までは、歩いてわずか二十分ほどの距離しかない。戦った両軍を隔てる距離はそう離れていなかったにもかかわらず、細川氏は東軍、山名氏は西軍と呼ばれた。両軍の本陣が、それぞれ京都の東と西に位置していたからである。(1) この呼称は、のちに別の意味を帯びた。山名氏は主として西日本(四国と九州の大半も含む)の国々から軍勢を結集したのに対し、細川氏の軍勢は主に東日本の出身だった。

畠山一族の派閥間の争いが上御霊神社で最初に勃発した後、しばらく戦闘に小康状態があった。三月三日、上巳《じょうし》の節句の参賀が将軍邸で行なわれた。約三千人が参加し、いずれも極上の衣装をまとい、金銀珠玉をちりばめた太刀を携えていた。参賀の客が一堂に会した華麗さは目もくらむばかりで、これに要した費用は国を破産させるのではないかと思われるほどだった。

将軍邸での参賀が終わると、続いて参賀の客は将軍の弟で後継に指名されている義視に忠誠を示すため、今出川殿へ向かった。この日、山名宗全父子を始めとして山名方の大名は参賀に出席したが、細川方の大名は誰も出仕しなかったことで目立った。(2) 細川方は日夜、内談評定など戦闘準備に忙しく、参賀に赴く時間的余裕がなかったのだった。

細川勝元が山名氏への攻撃を決断したのは、叔父の右馬頭持賢《もちかた》入道の嘆願にせきたてられてのことであったようである。去る文正二年（一四六七）一月、畠山政長が従兄弟の義就に対抗するため勝元に助勢を求めた時、持賢入道は介入しないよう甥の勝元に涙ながらに懇願した。今また涙にくれながら、持賢は正反対のことを懇願し、細川一族が支援しなかったために政長がこうむった屈辱的な敗北の報復に出ることを勝元に勧めた。持賢は勝元に、一族に着せられた汚名を返上するよう促したのだった。(3)

山名軍に敗北を喫して以来姿を隠していた政長は、この時点で戦闘の準備を整え、勝元の陣に駆けつけた。やがて諸国の軍勢が、京都にいる細川氏の手勢六万騎に加わった。細川勝元の軍勢は、総勢十六万一千五百余騎となった。『応仁記』によれば、山名宗全の麾下に参集した軍勢は都合十一万六千余騎だった。しかし数の劣勢にもかかわらず、山名勢は京都への七口のうち六口を押さえた。(4)

両軍の戦闘は、応仁元年（一四六七）五月二十六日未明、山名勢に対する細川勢の攻撃で火蓋を切った。緒戦は、わずかに山名勢の勝利で終わった。しかし意外にも、かなりな数の両軍の武将の屋敷が、都のいたるところに拡がった火災で焼失した。これまでのところ、幕府は両氏の抗争に関与していなかったし、義政の態度も明らかではなかった。二十八日、義政は両軍に使者を送り、戦闘行為をやめるよう命じた。しかし同時に義政は、伊勢貞親に軍勢を引き連れて上洛するよう命じた。戦闘がすぐに終わらないことを恐れた義政は、来るべき山名氏と細

川氏の決戦に備えて自分の立場を強化する必要に迫られたのではないかと思われる。(5)

貞親はこれより以前、義視が義政を殺して権力を奪取しようとしていると讒言し、その嘘が露顕したことで義政の命令で下国させられていた。しかし義政は、おそらく貞親のことをいまだに自分の庇護者と考え、貞親が内戦の混乱から国を救ってくれるかもしれない、と期待した。義政は当初、どちらか一方に味方することを拒否していた。しかし翌六月、自分の立場を明らかにした。義視と勝元に、山名軍の追討を命じたのである。

山名支持で反義視派の日野富子と兄の日野勝光《かつみつ》は、義政の決定に激しく反対した。しかし義政は動じることなく、将軍の本陣に立てるべき牙旗（将軍旗）を勝元に授けた。(6) 義政から総大将に任じられた義視は、今や反乱軍の汚名を着せられた西軍への攻撃を開始した。六月八日の戦闘で、東軍は勝利した。この勝利を、すでに西軍が壊滅したしるしと見た義政は、西軍の諸将に内書を送り、降伏を勧めた。勧告に従って東軍に寝返る者もあれば、戦闘から完全に離脱する者も出てきた。敵方の変節に勢いを得た東軍は、西軍諸将の屋敷を襲撃した。大火が拡がり、洛中の大半を焼き尽くした。

戦闘の形勢は、細川方に分があるように見えた。しかし西軍は、大内政弘の率いる大軍がやがて上洛するという報せに奮い立ち、なんとか持ちこたえた。八月二十三日、総勢三万といわれる政弘の軍勢が東寺と下京南部を占拠し、少なくとも一時的に山名宗全の西軍を優位に立たせた。勝元はこれに対抗するように、天皇と上皇の二人を室町御殿に移した。後土御門天皇は神器を携え、将軍の御殿に向かった。天皇と将軍を擁した東軍は、こうして官軍としての体裁を整えたことになった。(7) しかし、強さでは西軍の方がまさっていた。

勇敢に西軍と戦ってきた足利義視は、山名氏の強運に当惑した。義視は、義政が密かに山名氏に味方しているのではないかと疑った。富子が味方していることは、明らかだった。もしこのまま細川方についていれば、自分と義政との関係が悪化し、将軍として義政の後継となる機会を失うことになるかもしれなかった。義視は、ひとまず戦場から身を引き、情勢を見守ることにした。義視は、まず比叡山のふもとの坂本に向かった。そこには、すでに夫人が難を避けていた。さらに伊勢へ出て、そこで国司の世話を受けることにした。

義政は、義視の出奔を知って愕然とした。(8) 戦場から去った真意はともかく、その出奔は、この時点まで（誓いを守って）次期将軍としての義視の立場を支持してきた義政を、息子の義尚支持に傾かせる結果となった。

応仁の乱の大きな合戦の一つが、十月、相国寺の争奪をめぐって山名氏と細川氏の間で始まった。もともと足利義満が建立したこの臨済宗相国寺派大本山は、足利将軍家にとって極めて重要な寺だった。また足利家との関係とは別に、相国寺は将軍御殿に隣接していた。そのため山名氏は、相国寺を占拠することで将軍御殿と細川邸の間に楔《くさび》を打ち込むことができると考えた。相国寺の僧が密かに山名氏に内応し、寺内に火を放ったため、ひとまず戦闘は山名勢に有利に展開した。相国寺焼亡の火煙は将軍御殿の上空を覆い、今にも敵の攻撃があるのではないかという恐怖を煽りたてた。

日野富子を始めとして将軍御殿の女たちは大いに動揺し、どうして逃げたものかと不安に駆られた。しかし足利義政は、他の者たちを怯えさせている不安に動じる様子もなく、いつもと変わらぬ風情で酒宴に興じていた。家来の男の一人が、義政の前に進み出た。男は目前に迫った戦闘が自分の人生の終わりと覚悟を決め、次のように言った。自分の生涯の奉仕の褒美として、またあの世への形見として、盃を頂戴したい、と。義政は悦に入って、男に盃を与えた。男は盃を恭しく捧げ、一人つぶやいた。「我百年ノ命ヲ君ガ一日ノ恩ニ報トハ是ナルベシ（我が百年の命を、この日の主君の恩に報いて捧げることにする）」と。男はその場を去り、ほどなく戦死した。義政は、終始冷静なままだった。(9)

この時期に作られた一休禅師の漢詩は、自身が目撃した戦闘と破壊の有様を語っている。一休は自分の住んでいる社会の虚偽を倦むことなく告発したが、皇族に対しては変わらぬ畏敬の念を持ち、戦乱のさなかにあって皇族の命運を気にかけていた。同様に一休は、東軍の勝利を宮廷の徳の感化と考えていた。(10) 相国寺焼失後に書かれた「洛陽火後」は、戦争の廃墟の中で内裏が焼けずに無事だったことに希望を見出している。

寒 灰 充 塞 洛 陽 城　　寒灰《かんかい》 充塞す洛陽の城《まち》、
二 月 和 花 春 草 生　　二月 花と春草生ず。

黄金宮殿依然在　　黄金の宮殿　依然として在り、
勅下千秋万国清　　勅下って千秋　万国清し。(11)

冷たくなった灰が京の街を埋めつくし、二月になってやっと花が咲き春草が生えてきた。内裏や花の御所は、焼けずに健在である。天皇の勅が下ったおかげで、とこしえに国も穏やかに治まることだろう。

また「元日　官軍の兇徒を敗るを祝す」は、応仁二年（一四六八）元旦夜に行なわれた攻撃で、東軍が勝利したことに狂喜している。

元正先破豪　　元正　先ず豪を破る、
処々凱歌高　　処々　凱歌高し。
百万朝廷卒　　百万の朝廷の卒、
不能損一毛　　一毛を損すること能わず。(12)

元旦、まず強固な西軍を攻め破った。いたるところで、凱歌が高らかに上がっている。朝廷方の大勢の兵は、わずかな損害も受けることがなかった。

義政の戦争に対する思いは、次の和歌に見られるように、これとまったく異なるものだった。

ハカナクモ
ナオ収マレト
思フカナ
カク乱タル
世ヲバイトハデ(13)

果敢ないように見えるけれども、平和は回復されると信じている。このように乱れてはいても、この世を厭わしいとは思わない。

義政の歌は、仮りに自分が何もしなくても、ただ騒動が収まればいいと思っていたことを示している。この態度は、藤原定家『明月記』の次の一節、「世上乱逆追討耳に満つと雖《いへど》も、之を注せず、紅旗征戎《せいじゅう》吾が事にあらず(14)」（世間の乱逆追討の騒ぎが耳にうるさいが、意に介しない。紅旗と征戎は自分には関係のないことだ）を思い起こさせる。無学な武将たちの起こした動乱に対して無関心の態度を表明することは、おそらく定家のような貴族には許されていいことだった。しかし、義政は将軍だった。仮りにも、自分を擁して戦っている者たちの総大将だった。義政の無関心な態度は、戦闘で失われた生命を痛ましく、また無意味なものにさえした。

東山文化を創った義政の役割を高く評価する芳賀幸四郎は、次のように書いている。「義政は政治家として、ことに応仁・文明の大乱を中にはさむ乱世の将軍としては、完全に落第であった。大乱勃発の責任の一半は彼に帰すべきものであり、その政治歴は文字どおり失政の連続で、弁護の余地はない」[15]と。

義政はおそらく、自分が無能な将軍であることに気づいていた。側近たちが彼におもねるように、「赤子の父母を慕うが如」く万民は義政になついていると大げさな言葉で称え、また熱のこもった調子で「禍乱」を鎮めて「昇平」を致すと書いた時、義政は賛辞が過当に過ぎて事実に合わないからと訂正を命じている[16]。芳賀によれば、将軍としての義政は自主性も指導性もない「ロボット」に過ぎず、無責任で自棄的な「傍観者」に過ぎなかった。

しかし、この時代の文化については義政は力強い指導力を発揮した。義政の治世に起きた他の重大事件は忘れ去られてしまったが、義政が育成した文化は応仁の乱の戦闘のはるか後まで生き延びることになった。義政が人々の記憶に残ることになったのは、美の規範を打ち出したことによってだった。それは後世の日本人に伝えられ、日本の文化に不可欠のものとなった。今日、人々が「日本のこころ」と言う時、それは義政によって最初に育まれた日本人の美意識の数々を指しているように思われる。

義政の応仁の乱への関与は、最小限にとどまった。京の町を包み込む炎が室町御殿に近づいた時、義政が不安を感じなかったはずはない。しかし義政は、戦闘行為を終わらせるために何もしなかった。破壊は、次の一休の漢詩「文明中の乱を」[17]が示しているように、ほとんどすべてのものに及んだ。

咸陽一火眼前原　　咸陽は　一火にして　眼前は　原となりぬ
金殿幾多珠玉門　　金殿も　幾多の　珠玉の門も
廃址日癯似秋興　　廃址は　日に瘦せて　秋興に　似たれば
春風桃李易黄昏　　春風も　桃李も　黄昏《こうこん》なり易し(18)

都は、たった一度の火事で焼け野原となってしまった。立派な宮殿も、数多くの美麗な邸宅も灰燼となり、家々の滅びた跡は日に日に荒れて、秋を思わせる風情である。春のそよ風も、桃やスモモの花も、ただただ夕暮れに染まるばかりである。

死傷者は、膨大な数にのぼった。同じく一休の「戦死せる兵を弔ふ」は、次のように戦場を描いている。

赤面修羅血気繁　　赤面の　修羅は　血気も　繁く
悪声震動破乾坤　　悪声の　震動は　乾坤《けんこん》をも　破りけん
闘諍負時頭脳裂　　闘諍に　負けたる時は　頭脳も　裂けにけんを
無量億劫舊精魂　　無量億劫に　精魂を　舊《ふる》しぬらん(19)

赤面の悪鬼のように勇猛な武士たちは血気盛んに、恐ろしい雄叫びの轟きは天地をも破滅させんばかりだった。戦闘に敗れた者たちの首は胴を離れ、弔う人もなく霊魂は未来永劫忘れ去られる運命にある。

戦闘は、ついに文明九年（一四七七）十一月に終わりを告げた。西軍の主将大内政弘は無意味な争いに興味をなくし、陣を引き払って残りの武将たちとともに京から撤退した。

十年にわたる戦闘の間、義政は、ひたすら芸術の育成に打ち込んでいた。義政は、よく宋王朝の最後の皇帝で中国の画院の創設者だった徽宗《きそう》帝（一〇八二―一一三五）になぞらえられる。[20] 中国史の権威であるC・P・フィッツジェラルドは、徽宗帝のことを次のように書いている。「支配者として賢くもなければ、成功もしなかったが、皇帝は芸術の献身的な庇護者であると同時に、本人が一流の画家でもあった。徽宗帝は絵画や陶器には惜しみなく自分のすべてを捧げたが、国事に対してはそうではなかった[21]」。徽宗帝は宮廷における派閥闘争、また女真族の侵入の脅威から芸術の世界に逃避し、美的優雅の追求に我が身を捧げた。

徽宗帝の審美眼と生活様式について書かれたほとんどすべてのことが、そのまま義政に当てはまる。義政は、つい目と鼻の先で激しい戦闘が行なわれていた時もなお芸術に慰めを見出していた。徽宗帝は、中国の脅威となっていた二つの部族のうち、比較的有害でないと判断した北方の女真族と協定を結ぶという過ちを犯した。女真族は、隙を見て徽宗帝に襲いかかった。

徽宗帝は捕虜となり、満洲の異境で死んだ。義政がこうした恥をかかずに済んだのは、応仁の乱ではっきりどちらか一方の側に与することを拒否したからだった。義政の最大の欠点、すなわち武士の棟梁としての無能が義政を救ったのだった。

義政が育んだ文化は、義政が御殿（山荘）を建てた京都の地名から「東山文化」の名で知られている。まだ一部がそのまま残っている御殿は義政の死後、禅寺となり、銀閣寺の名で親しまれるようになった。以来、この寺は義政の名前と密接に結びつけて考えられるようになる。今日、銀閣寺を訪れる者は、「銀閣」として知られる地味で優雅な建物（観音殿）だけでなく、東求堂《とうぐどう》の一間に案内される。そこは義政が、くつろいで茶の湯を楽しんだところだった。茶の湯こそ、東山文化の最も典型的な芸術だった。

言うまでもないことだが、義政は独力で新しい文化を創り出したわけではなかった。徽宗帝と違って義政は画家、書家、歌人として名高いわけではなかった。もっとも、書家ならびに歌人としての義政は人並み以上だった。(22) 義政の天賦の才は人の才能を見抜く稀有な能力、さらには社会的地位に関係なく才能ある人間を進んで召し抱えるという形で発揮された。

応仁の乱の後、新しい文化を形成するにあたって義政を助けたのは地方の大名たちだった。大名たちは、戦乱のさなかに都から逃げてきた歌人や絵師を庇護することを通して、文化に対する見識を身につけたのだった。(23) 義政は、また学識ある禅僧たちにも助けられた。宗教のことだけでなく、義政は美学の問題についても彼らの知恵を借りた。応仁の乱よりはるか以前、若き義政はすでに禅僧たちと密接な関係を持っていた。たとえば、母重子のために西芳寺を模して建てた高倉御殿の庭にある三つの小亭に名をつける際、義政は当代随一の歌僧である瑞渓周鳳（一三九一―一四七三）に適切な名前を探すよう依頼した。周鳳は直ちに幾つかの名を選進したが、いずれも斥けられた。適切な名を探すにあたって、義政は周鳳に加えて学識ある他の僧二人にも選進を命じた。中国の詩文を渉猟した結果、三人はさらに幾つかの名を選進した。しかし、なお義政の意に満たなかった。西芳寺の小亭が月ど山に関連する名をつけてあることから、義政は高倉御殿の亭の名も同じ趣旨で選ぶよう指示した。ふさわしい亭名が見つかるまで、なお禅僧たちの思案は約五十日続いた。選進された名を何度も却下したあげく、ついに義政は三つの名称（晴月、琤玉、攬秀）を採用した。

次に義政は、今一人の学識ある禅僧で高名な書家でもある季瓊真蘂に、亭名を書かせることにした。しかし真蘂が書いた文字の大小、また書体が気に入らず文句をつけた。真蘂は再三にわたって文字を書き直したが、義政は容易に満足しなかった。しかし、やっとのことで義政の好みにかなう書が出来上がった。次は、真蘂の書いたそれぞれの亭名の文字を、亭の入口に掲げる木の扁額に彫る作業だった。義政は文字の彫りの深さや、文字の彩色にいたるまで細かく指示を与えた。ついには、亭の入口にかける額の傾斜の角度にまで指示を与える始末だった。(24)

義政は、それぞれの仕事に最適かつ最高の人物を選んだ。それでもなお義政は、扁額の制作（あるいは、建築や庭園の立案）を専門家の手に完全に委ねようとはしなかった。義政があくまで主張したのは、それぞれの作品が自分の美の理念と一致しなければならないということだった。このことは時に、自分の芸術的手腕に誇りを持つ人々を苛立たせることになった。しかし、義政は譲らなかった。自分が望む効果について義政は微に入り細にわたって指示を与え、なお倦むことがなかった。(25) 大名、禅僧、富裕な商人、隠遁者から非人にいたるまで、多くの人々が「東山文化」の創造に参加した。しかし最終的な指示は常に義政から出た。義政の山荘の普請が始まった時期以降は、特にそうだった。

義政の審美眼は、義政が蒐集した中国絵画にはっきりと表れている。義政は、南宋と元の時代の水墨画の中でも特に馬遠《ばえん》、夏珪《かけい》、李唐《りとう》を好んだ。いずれも徽宗帝が創設して後に杭州へ移された画院に属し、その作品は十三世紀から十四世紀にかけて渡来した数の多さからもわかるように日本で特に人気があった。(26) 牧谿《もっけい》のような禅僧や梁楷《りょうかい》の作品は、中国における以上に日本で高く評価されていた。日本の絵師（その多くは禅僧だった）は、最初は中国の名匠の作品をそっくりそのまま模倣することから始め、そこから次第に自分自身の作風を確立していった。

東山時代の最も偉大な絵師は、疑いもなく雪舟（一四二〇—一五〇六）だった。もっとも雪舟は、戦乱を避けて京都では仕事をしなかった。(27) しかし多くの優れた画家たちが義政のために作品を描き、特にその中には狩野派を創始した狩野正信《まさのぶ》（一四三四?—一五三〇?）がいる。(28)

「東山趣味」の創造は、（天皇や公家よりむしろ）武家である将軍に多くを負っていた。しかし、それはこの上なく貴族的な性格を備えていた。それは、義満の金閣寺と対照的に名づけられた慈照寺の愛称である「銀閣寺」に象徴されている。「銀閣」は、表面が実際に金箔で覆われている義満の「金閣」と違って、決して銀箔で覆われていたわけではなかった。仮に銀で覆われていたとしても、それは必ずや光り輝く銀ではなくて、地味で控えめな気品を持つ燻し銀であったに違いない。義政の美意識は、どうかすると悪趣味にもなりかねない義満の型破りな好みとは、はっきり異なっていた。黄金や絢爛豪華な錦の輝きよりもむしろ、義政はその収蔵品にある中国の水墨画の簡素な性格を好んだ。

義満の時代に始まった室町期の歴代将軍の中国への傾倒ぶりは、ほとんど盲目的崇拝に等しかった。しかし、数世紀ぶりに中国との交易関係が復活された時、その目的は文化の向上よりはむしろ利益にあった。初代尊氏が中国との交易を推し進めたのは莫大な利益を期待してのことで、事実、尊氏は失望させられることがなかった。康永元年（一三四二）、高価な積み荷を載せて中国に派遣された船は、貨幣を満載して戻ってきた。(29) 中国との交易を推進した尊氏の表向きの目的は、高名な禅僧の夢窓国師《むそうこくし》（一二七五―一三五一）の要請で建造した臨済宗天竜寺派大本山天竜寺の完成に必要な資金を集めることにあった。モンゴル人の支配下にあった当時の中国に派遣された船は、「天竜寺船」として知られるようになった。

モンゴル人が中国を追われた後の明王朝初期は、三代将軍足利義満の時代に相当する。明王朝を開いた洪武帝《こうぶ》は、三度にわたって日本に使節を派遣した。最初の使節は、洪武帝の即位と中国の新しい名称を「大明」と決定した事実を伝えるものだった。(30) 洪武帝は、近隣諸国を説いて彼らが中国の属国であることを認めさせることで、明王朝の権威を強固なものにしようとしていた。

洪武帝からの第二の使節は、日本の海賊[31]による中国沿岸都市への不法攻撃に憂慮を表明する勅書を携えていた。勅書の中で洪武帝は、次のように日本人を脅迫した。「もし貴国があくまで略奪と海賊行為を犯すことに固執するのであれば、朕は我が艦隊を個々の島に向かわせて、謀叛人どもを逮捕させ、本土に乗り込んで彼らの王を捕縛させるであろう」と。洪武帝は日本人が明王朝に忠誠を誓うことを要求し、さもなければ戦争の準備を始めると脅したのだった。[32]

洪武帝の使節は、ここに来て九州の懐良《かねなが》親王（?―一三八三）に遮られた。懐良親王は後醍醐天皇の南朝の末裔で、南朝はまだ義満によって完全に制圧されていなかった。懐良親王はおそらく、洪武帝からの第一の友好的な勅書を見ていなかった。だから、無礼な第二の勅書を読んで腹を立てた。応安三年に日本に送られた第三の勅書は、次のように締め括られていた。「もし、朕と相容れない野蛮人の小国が、その定められた土地に満足せず、頻繁に騒ぎを起こしに来ることであえて天道を破るならば、必然的にそれは神霊と人間の憎しみを招くことになり、天はそれを許しはしないだろう。お互いの平和を維持するために心を入れ換え、朕の命令に従った方が身のためではないか[33]」と。

その書きぶりは、日本人にとって腹立たしいものだった。しかしおそらく懐良親王は苦しい立場にあり、あるいは中国の助力を期待していたかもしれなかった。親王は、勅書に好意的に返答した。懐良親王が「日本国王」でないことが判明した後もなお、洪武帝が日本と国交を断絶する至徳三年（一三八六）まで、明王朝は懐良親王のことを「日本国王」と呼び続けた。新たな両国関係の樹立に向けて、次に手を差しのべたのは日本の方だった。

応永三年（一三九六）までに、義満は南朝の叛乱勢力の残党を滅ぼし、名実ともに日本全土の支配者の地位を確立していた。今や海外へと眼を向けることができるようになった義満は翌年、中国との交易・文化関係を樹立することを願って最初の遣明使を送った。[34] 四年後の応永八年、義満は二回目の遣明使を送った。この時の使節は、日本が建国されて以来存続していた日中友好関係の復活を求める丁重な文面の国書を携えていた。献上品も持参され、それは貢物とは明記されていなかったが、中国側は明らかにそのように解釈した。献上品の中には金一千両、剣、馬、扇、武具などがあった。

応永九年、答礼訪問の中国人使節二人が兵庫に到着した際、義満は自ら出向いて面談した。義満の丁重な言葉遣いに気をよくした中国人使節は、愛想のいい追従をもって応じた。皇帝の勅書には、次のような意味の一節があった。「日本は詩文の国として知られていて、そのことが常に朕の念頭にある」と。[35] この時以来、両国間の使節の交換が頻繁に行なわれるようになった。

中国政府は十年に一度だけ、日本からの貢物を積んだ船の来航を許した。この回数の制限は事実上ほとんど無視され、遣明使の船は両国の間を盛んに行き来した。中国から渡来した品物の中には芸術作品、宗教・文学書のほか、唐物として知られる珍しい貴重な陶器もあった。それは義満が認めたように、中国の文明が日本よりはるかに高い発展段階に達していることを示していた。

中国朝廷からの高価な贈物を手に入れるために義満は、中国沿岸を荒らし回っている日本の海賊の一掃を承知した。義満は、情け容赦なく約束を履行した。サンソムは、次のように書いている。「信頼すべき筋によれば、新しい交易協定に基づく最初の使節団の一人は、多数の捕虜を中国皇帝に差し出した。皇帝陛下はこれを丁重に日本側に返し、日本側は捕虜を生きたまま釜茹でにした」と。(36)

同年、義満は中国皇帝から「日本国王」の称号を受けた。建文帝《けんぶん》から送られた勅書には、「日本国王源道義、(37)心を王室に存し、君を愛するの誠を懐き、波濤を踰越し使を遣はして来朝す」とあった。(38)語調は友好的であるが、建文帝が洪武帝に劣らず自らを日本の上に立つ大君主と見なしていることを歴然と示していた。中国側の文書によれば、義満には身分を示す王冠と衣服が与えられ、それは中国皇帝より身分の低い一個の君主であると同時に、「中華帝国」の忠実な盟友であるという義満の地位を裏付けるものだった。

義満は中国皇帝の臣下としての立場で貢物を献上し、その返礼として銀、翡翠《ひすい》、絹、錦、真珠等々の高価な贈物を受け取った。中国への貢物の使節は十年に一度だけ許すという中国側の条件は、次の事実を反映していた。すなわち属国である日本が献上する貢物の価値と、宗主国である中国が返礼として与えざるを得ない豪勢な贈物との間の不均衡である。記録によれば、最初に中国から船積みされてきた豪奢な贈物を眼にした時、日本人は驚きのあまり言葉を失ったという。(39)

義満は、中国朝廷に宛てた書簡の中で自分のことを嬉々として「日本国王」と呼んだ。(40) 日本では暴君のごとく振舞っていたが、中国へ宛てた義満の書簡は追従に満ちていた。中国に魅惑されるあまり、義満は室町御殿でも中国服を身につけた。中国皇帝からの親書を受け取る際、義満は読む前に香を焚いた。公式文書の中だけでなく私生活においても、義満は「中華帝国」の臣下のように振舞った。

義満の後継者である義持は、義満に比べると中国に対する崇拝の念が極めて薄かった。応永十八年（一四一一）、義持は永楽帝《えいらく》からの書簡と贈与金を携えた使節に会おうとしなかった。サンソムによれば義持自身の説明は、こうだった。「致命的な病気に襲われた後、義満は、外国からの使節を受け入れて国の神格を損なうようなことは二度としないと誓っていたのだ」と。(41) 応永二十五年、永楽帝は義持に再び書簡を送った。それは丁寧な言葉遣いではあったが、臣下として適切に振舞わないことを断固たる態度で咎めたものだった。書簡はさらに、中国の陸海軍は百五十年前に日本を攻撃して撃退されたモンゴル人よりはるかに強力であることを通告していた。しかし義持は、これ以上中国朝廷からの使節を受け入れるつもりはないことを返書で言明した。両国間の正式な交流は応永二十六年で打ち切られ、義持の眼の黒いうちは回復されることがなかった。現代中国の学者ワン・イートゥンは、交易に関する両国の態度の違いという点から見て、明国と日本が公式な関係を樹立し、かつ維持することの難しさを次のように明確に述べている。

日本人にとって交易とはおそらく、それがなければ屈辱的で不快なものとなる従属関係に是非とも必要な要素だった。中国政府にとって交易とは、できるだけ制限したい迷惑な制度の一局面だった。中国政府は定期的な日本の使節を、なによりもまず従属的な性格の象徴と見なしていて、日本の使節団の人数を日本人使節が中国に献上する品物の量と同様に制限することを心から願っていた。(42)

中国との関係は、義持の後継者である義教によって復活された。永享四年（一四三二）、中国の宣徳《せんとく》帝は琉球王を通じて義教に勅書を送った。勅書は新将軍に義満を手本とするよう勧め、日本人を寛大に遇することを約束していた。義教はこれに好意をもって応じ、自分の特使として天竜寺の僧を派遣した。翌年、宣徳帝が送った贈物の中には次のようなものがあった。白金合計三百両、大量な上質の絹織物、紅漆で彩粧して金の金具をつけた轎《かご》・椅子・床几《しょうぎ》、紅羅の大傘、銀製の食器・酒器・茶器、筆・紙・墨、香木、そして虎や豹の毛皮、等々。(43)高価で異国情緒にあふれた贈物は、日本人の大陸文化に対する称賛の念を深めるのに役立った。

日本は次第に、近代的な生活に欠かせないものの幾つかを中国に依存するようになった。たとえば寛正五年（一四六四）、義政は遣明使を送り、明朝廷に銅銭の供与を懇願した。国書の中で義政は、永楽年間に日本が大量の銅銭を入手した事実を中国人に思い起こさせた。銅銭は年々不足がちで、日本の国内交易の拡張が銅銭を鋳造可能な量を超えて通貨を必要としたため、経済的困窮を引き起こす原因となっていた。(44) 義満の時代から日本で流通していた銅銭の多くは、永楽帝の治世（一四〇三—二四）に手に入れた永楽銭だった。日本人は中国暦を採用しなかったし、朝鮮人のように中国式の名前を取り入れることもしなかったが、かなりの恩義を中華帝国から受けていた。しかし、その恩義を日本人は恥とは思わなかった。

状況は、義政の治世を通じて変わらなかった。享徳二年（一四五三）、日本の使節が中国に向かった時、使節は義政（あるいは、おそらく義政の後見役）の覚書を携えていた。その中に、次の意味の一節があった。「あなたの臣下である私源義成は、謹んで祖先の意志に従い、この貧しい国の支配者の地位を継いだ。私は貴国の防壁となることを唯一の目的に、この遠い島国を保持しようとするものである。国内に数多くの問題を抱えていたため、貢物を献上するのが遅れてしまった」と。(45)

祖父義満に劣らず義政は、自ら進んで大明国の臣下であることを認めていた。逆説的なことだが、東山時代(46)——大ざっぱに言って義政の将軍職継承から延徳二年（一四九〇）の義政の死までの約五十年間——は、中国から借りた文化様式の着実な日本化の試みと、今日まで連綿と続いている日本人独自の美意識の出現を特徴とした時代だった。

(1)「東」と「西」の名称については、永原慶二『下剋上の時代』二六四ページ参照。細川勢は室町御殿を本拠とし、相国寺と北小路町の勝元の屋敷を陣とした。山名勢は西方にあたる山名宗全の屋敷を中心に陣を敷き、ここから「西陣」の地名が生まれた。細川を東軍、山名を西軍と呼ぶ習慣も、この位置関係から生まれた。永島福太郎は、「東」と「西」が「花の御所」の東西を意味するという一般の解釈は間違っていることを指摘している(『応仁の乱』三ページ)。
(2)『応仁記』(「群書類従」巻第三百七十六)三七五ページ。
(3)同右三七五ページ。また『応仁別記』(「群書類従」巻三百七十八)四八二ページ参照。
(4)ポール・ヴァーリー(Varley, H. Paul, *The Ōnin War*, p. 132)は、『応仁記』に記されている細川氏、山名氏の軍勢の数を受け入れるのに慎重だが、この年代記は数字の面で常に信頼できるとは限らない、と付け加えている。
(5)永原、前掲書二六五ページ。
(6)同右二六六ページ。
(7)同右二六八ページ。東軍が使った「官軍」という用語は、天皇の側に立って戦うことを意味する。その敵は定義上、「賊軍」となる。
(8)永島、前掲書一二五〜一二六ページ。
(9)『応仁別記』四八九ページ。

(10) 一休の天皇に対する崇敬の念は、おそらく、その出自から来ている。一休は、後小松天皇の落胤だった。
(11) 平野宗浄『狂雲集全釈』上巻二九九ページ。戦闘後の荒廃と、無傷のまま残った内裏と花の御所とが対比されている。天皇は、相国寺における斯波義廉と畠山義就の合戦を止めさせようと勅使を送った。天皇の仲裁で一時的に戦闘は収まったが、一休が喜ぶのはまだ早かった。
(12) 同右三〇四〜三〇五ページ。
(13)『応仁別記』五〇一ページ。
(14) ドナルド・キーン『百代の過客』一四八ページ参照。
(15) 芳賀幸四郎『東山文化』一二ページ。
(16) 同右一三ページ。
(17) 文明年間は、一四六九年から一四八七年まで続いた。漢詩の日付は不明だが、おそらく文明年間初期であると思われる。この漢詩は、明らかに晩春の一日に作られた。早春に見られるはずの植物や花が今になって姿を現しているが、それさえも秋を思わせるほどに侘しい。
(18) 山岸徳平校注『五山文学集 江戸漢詩集』(「日本古典文学大系」八九) 一五四〜一五五ページ。
(19) 同右一五二ページ。一休が戦闘で殺された者たちを悼んでいるのは、ほかに誰も彼らのことを記憶にとどめる者がいないからである。
(20) 笹川種郎『東山時代の文化』二五〜二六ページ。
(21) Fitzgerald, C. P., *China : A Short Cultural History*, p. 447. 徽宗帝と彼の詩、絵画、書について詳細は、Fong, Wen C. and Watt, James C. Y., *Possessing the Past*, pp. 5-6, 164-168 を参照。

(22) 義政の書については、松原茂解説『室町 足利義政 百首和歌』参照。義政は飛鳥井雅親が流祖である飛鳥井流書法の教えを受けた。義政自筆の百首は、写真版で複製されている。小松茂美は、義政の書について次のように言っている。当代一流の文化人にふさわしく、それは「おだやかな筆致で、気品にあふれる」と(小松茂美編『二玄社版 日本書道辞典』七ページ)。おそらく義政の最晩年近くに作られたと思われる和歌百首は、同様に気品に満ちているが、個性に乏しい。すばらしく美しい草稿は、約六メートルの長さである。百首の一つではない巻末に添えられた一首は、自分よりはるかに若い冷泉為広(一四五〇―一五二六)に謙虚に批評を乞う気持を表現したもので、自分が詠んだ「色なき百種」に為広の批評の「露の玉の光」を注いでほしい、と頼んでいる。明らかに義政は、自分の歌道師範である飛鳥井雅親の批評に飽き足りないものを覚えていたようである。『室町 足利義政 百首和歌』六五ページ参照。

(23) 芳賀、前掲書一九ページ。

(24) 同右一七ページ。

(25) 同右。

(26) 義政の中国絵画の所蔵品について詳しくは、同右五八ページ参照。

(27) 雪舟は京都で、如拙と周文の下で絵を学んだ。同右六一〜六三ページ参照。

(28) 同右六五ページ。

(29) Sansom, G. B., *A History of Japan, 1334-1615*, p. 167.

(30) 洪武帝は、この勅書の使節を日本だけでなく安南、占城、朝鮮にも送った。Wang Yi-Tung, *Official Relations between China and Japan 1368-1549*, p. 10.

(31) 日本の海賊は、中国では海賊船に掲げられた旗「八幡」の中国読みである「バハン」として知られた。中国人はまた彼らを、「日本の盗賊」を意味する「倭寇」とも呼んでいた。
(32) Wang, *op. cit.*, p. 10.
(33) Wang, *op. cit.*, p. 11.
(34) 当時の中国朝廷と日本の関係を手際よく要約したものとして、Sansom, *op. cit*, pp. 168-169 がある。
(35) Wang, *op. cit.*, p. 22.
(36) Sansom, *op. cit.*, p. 170.
(37) これは、応永二年（一三九五）に義満が受けた法名。
(38) Wang, *op. cit.*, p. 22. 書簡原文は、三山進「足利義満」（桑田忠親編『足利将軍列伝』）一一八ページに引用されている。「君を愛する」とあるのは、もちろん目上の人間としての中国皇帝を義満が愛するという意味である。
(39) Sansom, *op. cit.*, p. 172.
(40) たとえば、義満が応永十年（一四〇三）に送った書簡を参照。
(41) Sansom, *op. cit.*, p. 173.
(42) Wang, *op. cit.*, p. 3.
(43) 芳賀、前掲書二九ページ。
(44) 同右。
(45) Wang, *op. cit.* p. 64.
(46) 東山時代の時代区分に関する諸説については、横井清『東山文化』一七～二一ページ参照。厳密に言えば、東山時代は義政が東山山荘の普請を始めた時から、その死まで続いたに過ぎない。

しかし、「元禄」が実際の年号の時期よりはるかに長い文化の時期として使われているように、「東山」は義政の生涯の後半期を指して使われてきた。

第五章　東山山荘の造営

足利義政の最大の欠点の一つは、金のかかる贅沢な御殿を建築することへの野放図とも言える情熱だった。少なくとも彼を誹謗する者たちの眼には、そう見えた。嘉吉三年（一四四三）、七歳で将軍後継に定められた後、義政が最初に住んだのは烏丸御殿だった。これは、義政の母の従兄弟である烏丸資任の屋敷だった。烏丸御殿は将軍御所として建てられたわけではなかったから、来客との応接、重臣との談合、その他国事を執り行なうにあたって適切な部屋がなかった。屋敷は次第に増築され、隣接する別棟には学問所や持仏堂なども造られた。前の御殿から解体して移した建物もあり、また新築されたものもあった。[1]義政は、この烏丸御殿に十六年間住んだ。ここで義政は養育され、教育を受けたのだった。義政にとって、烏丸御殿は郷愁を誘うものがあったかもしれない。しかし、長じて自分自身の趣味がはっきりしてくるにつれ、義政は流行遅れの建物の造作に飽き足りないものを覚えるようになった。

当初は義政も烏丸御殿を改造することしか頭になかったようで、事実、広範囲にわたる修理が行なわれた。しかし長禄二年(一四五八)、重臣たちが驚いたことに御殿改造の完成間近になって、将軍は新しい烏丸御殿の建物を、「花の御所」として知られる昔の室町御殿のあった場所に移すことに決めたのだった。(2)

美しい庭園があるためにそう呼ばれるようになった最初の「花の御所」は、もともと崇光院の御所として貞治七年(一三六八)にこの場所に建てられた。御所は永和三年(一三七七)の大火で焼失したが、永享三年(一四三一)に足利義教が同じ場所に新しい「花の御所」を建てた。この義教の御殿の一部が長禄二年、烏丸御殿の改築の際に使われた。改築された御殿を別の場所に移すだけのために、さらに莫大な費用をかけた義政の浪費に対する批判は、当時の人々の日記に密かに書きつけられた。もちろん、公然と反対を表明する者は誰もいなかった。(3)烏丸御殿が改修されたばかりの時、なぜ義政が別の場所に御殿を建てる気になったのか、その理由は明らかではない。義政研究家である森田恭二は、次のように書いている。

義政はその生活文化に彼独自の美意識を持っていた。その美意識を実現する生活空間と言えば、必然その居所たる御所であったのである。花の御所における彼の美意識の実現はのちに隠棲の場たる東山山荘に受けつがれ発展して行ったのであった。(4)

おそらく義政は、烏丸御殿が本質的に前の世代の趣味であることを感じ、自分個人の趣味をより忠実に反映する新しい建物を欲したのではないかと思われる。もし事実そうだとすれば、これは異例のことと言わなければならない。新しい建物を普請する際、日本の統治者は自分の好みを主張することより、むしろ先例に従うことを重視した。義満をほとんど崇拝していたに等しい義政が、意識的に祖父の趣味に逆らうということはありそうにないことである。しかし、おそらく自分でも十分に気づかぬうちに義政は、それ自身表現を必要とする審美眼を二十二歳までに育んでいたのだった。

烏丸御殿を部分的にそのまま移す形で、新しい「花の御所」の普請が直ちに始まった。長禄三年（一四五九）二月に立柱上棟が行なわれ、建物は次々と成った。その年十一月、義政は新しい御殿に移った。

同時代の日記には、新御殿の殿舎と庭園の壮麗さが驚嘆の言葉で綴られている。(5) これらの日記には、新御殿建築の卓越した技術の粋への感嘆の言葉がいたるところに見受けられるが、詳細が具体的に記されていないため、いったい何が新御殿の外観をそのように目覚ましいものにしているのか頭に描くことができない。我々は、それがある意味で中国の美意識に対する義政の好みを反映したものであることを推測できる。たとえば禅僧太極は、日記の中で庭園を褒めて「奇花珍石」という言葉を使っている。これは庭園が伝統的な日本の様式によるものでなく、中国の様式であったことを示唆している。日本と中国の美意識の違いは、すでに兼好法師によって遠回しに指摘されている。『徒然草』の中に、教養ある人間の庭に植えるべき花について書いた後、次の一節がある。

此外の、世に稀なる物、唐めきたる名の聞(き)にくゝ、花も見馴れぬなど、いとなつかしからず。大方、何も、めづらしくありがたき物は、よからぬ人のもて興ずる物也。さやうの物、なくてありなん。(6)

これ以外の世に稀なもの、また中国風の聞きにくい名前で花も見馴れないものなどは、親しみがもてない。一般に、珍しく変わったものを喜ぶのは教養のない人がすることで、そのようなものは無いに越したことはない。

兼好は異国情緒に富む植物より、ごくありふれた花を好んだ。「奇花珍石」は、確かに中国の庭に欠かせない要素である。しかし兼好は、そうしたものを求める義政の趣味とは相容れなかった。

寛正三年(一四六二)、義政は今一つの新しい御殿を建てた。母日野重子のための豪勢な高倉御殿である。この御殿と壮麗な庭園が普請されたのは、京都の町がまだ飢饉の影響で苦しんでいた時だった。飢饉では、八万人以上が死んでいた。これらの御殿を普請する乱費に加えて義政は、特に寛正六年の花見の宴を始めとして金のかかる凝った仕立ての宴会を何度も催している。

応仁の乱の大火と略奪を奇蹟的に生き延びた新しい「花の御所」は、文明八年(一四七六)に全焼した。暴利をむさぼる商人に怒り狂った暴徒が土倉、酒屋に放火し、その火は公家の屋敷に拡がり、ついには「花の御所」にまで達した。何代にもわたる将軍家の財宝は、煙火の中で灰と化した。(7) 炎に追われて御殿から逃げた義政は妻の富子、息子の義尚とともに、かつて細川勝元の別荘だった小河《こかわ》御殿に避難した。

三年前、すでに義政は義尚に将軍職を譲っていた。少年将軍は、当時まだ八歳だった。政務の実権は、依然として父義政の手にあった。義尚は、両親と共に避難した小河御殿に長くは留まらなかった。ほどなく政所執事伊勢貞宗《さだむね》(貞親の嫡子)の屋敷に移ったのは、どうやら義政との喧嘩が原因だったらしい。早熟な義尚は、父が十一歳の息子に将軍職の実権を譲らないことに恨みを抱いていたようだった。あたかも自分が将軍の職務を果たすに申し分ない力を持っていることを示すかのように、義尚は平安時代の和歌の学問に打ち込んだ。文明十二年から、四百年前の伝統と寸分違わぬ歌会が義尚の御前で催されるようになった。若き将軍を支持する宮廷人たちは、熱心にこれらの歌会に出席した。

和歌を始めとする学問に専念するにあたって、当時の最高の学者である一条兼良の助言を得ることができたことは義尚にとって大いに有益なことだった。兼良は、昔の宮廷の伝統を維持することの重要性を強調した。この兼良の影響で文明十五年、将軍家は新しい勅撰和歌集を編纂する計画を発表した。永享十一年（一四三九）に兼良が二十一番目の勅撰集を編纂して以来、かなりの時が経過していた。しかし新しい勅撰集の計画は、すでに文明十三年に兼良が死んでいたため実を結ばなかった。

文明十二年（一四八〇）、兼良は、若き将軍義尚のための政道の手引きとして『樵談治要《しょうだんちよう》』を書いた。政治に対する一般的な心構えとともに、兼良は守護大名の任命や近習者の選択に際して将軍が取るべき慎重な配慮、といった個々の問題についても自分の意見を記した(8)。宗教について兼良は、昔の宗派（奈良仏教、天台宗、真言宗など）は同時代の人々がついていくには複雑すぎると考えていた。代わりに、最近の二つの宗派、禅宗と浄土宗の良いところを組み合わせるよう義尚に助言した。二つの宗派の教義は多くの点で正反対だったが、両方から得られるものは大きかった(9)。

文学、政治、宗教的問題に関する兼良の助言は、おそらく義尚にとって有益なものだった。しかし、義尚はひどく神経質で感情の起伏が激しかった。義政と義尚父子の関係、特にそれぞれを擁する奉行人・奉公衆の関係は次第に険悪になっていった(10)。義尚は一度ならず、剃髪して「遁世する」と脅した。これは、将軍でありながら実権がない自分の中途半端な立場に対する憤慨のしるしだった。ある時、義尚は髻《もとどり》を切って遁世しようとした。しかし伊勢貞宗に制止され、また義政からも思い止まるよう親書を寄せられ、中止したことがあった(11)。

文明十二年、義尚は日野勝光の娘を妻に迎えた。しかし新婚早々、義尚は義政寵愛の女と情事を重ね、政治的な争いに加えて女性関係をめぐる父子の対抗意識が生じた[12]。

文明十三年春、義政と妻の富子との間に衝突があった。二人の間の深刻な喧嘩は、これが初めてのことではなかった。たとえば文明三年、富子は室町御殿を飛び出し、母の屋敷に移り住んでいる。しばらくの間、夫婦は別居していた。文明十三年の衝突は、さらに激しい大喧嘩だった。ついに、別居は永遠のものとなった。今や妻と息子の双方と関係を断った義政は、人知れず解放感を噛みしめていたかもしれない。もはや義政は身内に遠慮することなく、好きなように振舞える自由を得たのだった。

文明十三年も末近くのある雨の夜[13]、義政は四、五人の近習だけを連れて密かに小河御殿を出た。一行が向かったのは、洛北の山城岩倉長谷の聖護院《しょうごいん》山荘だった。義政が小河御殿にいないとの報告を受けた時、後土御門天皇は衝撃を受けた。義政の所在を突き止めるや、天皇は帰京を命じた。義政は、天皇の命令を聞かなかったばかりではない。閑居したまま、剃髪して僧侶になる準備を始めたのだった。

特にこの時点で義政が「遁世する」決意をしたについては、さまざまな理由が考えられる。応仁の乱以来、守護大名たちが自分の命令に従わなくなったことに義政はずっと腹を立てていた。富子、義尚との仲違いもまた世の中に幻滅した一因となっていた。義政が特に憤慨したのは、かねてより健康に留意するよう説得（義尚の放縦な生活をたしなめたもの）していた義尚が、これみよがしに父の助言を無視したことだった。義尚はまだ十六歳に過ぎなかったが、すでに一人前の放蕩者だった。この時点での理由がなんであれ、僧侶になることは義政にとって長年にわたる宿願だった。義政は今、終わりに近づきつつある自分の人生（義政は四十五歳だった）を、どこか静かな隠居所で暮らしたいとひたすら念じていた。

早くも文正元年（一四六六）、義政は都の一角にあって美しい景色で知られる東山を自分の将来の隠居所と定めていた。義政は、すでに詳細な構想を立て始め、その参考に近衛御殿の設計図の一つを借り受けていたほどだった。必要となる普請人夫や資材の手配も着々と進んでいた。しかし、予期せぬ応仁の乱の勃発で、義政は収入の見込みがつかなくなった。いつもながらの贅沢三昧ぶりで御殿を建てることは、もはや不可能となった。(14)

戦乱によって一時的に妨げられたものの、義政は隠居所の構想を忘れたわけではなかった。小河御殿から岩倉に居を移したのは、東山山荘という最終的な目的地に向けての暫定的な措置であったかもしれない。(15)義政が山荘に選んだ土地は、天台宗の浄土寺に属していた。平安期に建てられた浄土寺は、応仁の乱のさなかに破壊された。足利義視は義政によって還俗させられるまで、この寺の門主（当時は、義尋の名で知られていた）だった。

絵のように美しい山荘の用地は、義政のそれまでの御殿があった町中の場所とは、いかにも対照的だった。日本人は中国人の例に倣って、寺に山の名前をつけた。実際は京都中心部の平地に建っているにもかかわらず、まるで山腹のどこかにあるのではないかと思わせるような名前をつけたものだった。義政は、本物の山に住むことを願った。しかし本来の世捨て人ではない義政が求めた隠居所は、人の住まない山奥ではなく、都からそれほど離れていない静かな景色の美しい場所だった。

隠居所の普請は、文明十四年（一四八二）二月四日に始まった。同月二十五日、義政は西賀茂正伝寺に方違《かたたが》えし、翌朝、用地と普請を検分に出かけた。(16) 建築費用を賄うため、義政は地方のさまざまな守護大名に負担を課した。しかし大名の多くは、将軍に命令を強いる力がないことを知って応じようとしなかった。例外が、幾つかあった。朝倉、土岐、山名、吉川のような数少ない由緒ある諸大名が資金を献上した。もっとも、これとて義政の豪奢な趣味に見合う建築費用を賄うには十分ではなかった。

義政は「十年戦争」が終わって間もないこのような時期、資金を調達することの難しさに十分気づいていたに違いない。しかし義政は、経費にかまわず可能な限り自分の美的概念に一致する隠居所を造るつもりでいた。守護大名から資金と人夫派遣を断られた時、義政は特に都に近接する山城国の、本来なら賦課を免れる寺社本所領に助力を求めた。これは、将軍家に残された最後の拠り所だった。寺社本所、並びに長い年月にわたって人夫としての強制労働を余儀なくされる農民に与えることになる苦難をよそに、義政は自分の隠居所を飾るのに必要な「名木珍石」を求め続けた。(17)

文明十四年八月十九日、東山山荘の立柱上棟が行なわれた。義政の住まいとなる常御所《つねのごしょ》は翌年六月二十七日に完成し、まだ付帯工事が続いていたにもかかわらず、義政はここに居を移した。常御所は、義政が余生を送る住まい（同時に、厳しい現実の世界からの逃避所）となった。義政が新居に移った翌日、後土御門天皇から「東山殿」という称号を賜った。山荘だけでなく義政自身もまた、この時代の文書の中で東山殿と呼ばれるようになった（同様に義尚は、住んでいる将軍御殿の名から「室町殿」として知られた）。

この時から義政は、東山山荘の建物と部屋の造作、そして庭園に全精神を傾けるようになった。少なくとも十の独立した建物が構想されたが、[18]慢性の資金不足は繰り返し工事を遅らせた。工事開始から八年後の延徳二年（一四九〇）、義政が死んだ時、銀閣はまだ完成していなかった。義政の計画した隠居所の一風変わった特徴は、義満が出家した後もなお将軍としての職務を続ける公務上の機能を備えた場所として建てた金閣寺（北山殿）と違って、そこには公的な空間が一切ないことだった。それは、あくまで一人の男の私的な楽しみのために建てられた。

義政の死後、山荘は禅寺として奉献され、慈照寺と呼ばれた。現在広く知られている銀閣寺という名称は、江戸時代に生まれたものである。[19]建築は、四段階にわたって進められた。第一期は、すでに触れた文明十五年（一四八三）までの常御所の造営。第二期は、文明十七年四月までの禅堂西指庵の造営。第三期は、長享元年（一四八七）十一月までの会所の造営。そして第四期の観音殿（銀閣）造営は、義政の死後に完成した。[20]

これらの造営費用と普請は、当初、守護大名および義政が援助を要請した山城国寺社本所領から献上された。しかし山城国以外の領地からの献上は文明十七年以後、すべて止まった。義政は、富裕階級に金銭的援助を請わざるを得なかった。東山山荘という壮大な構想の完成を見たいという義政の決意だけが、金銭的援助を求めなければならない屈辱に進んで堪えさせたに違いない。義政は意志が弱く、多くの点で無力だった。しかし東山山荘の建設については、最後まで譲ることがなかった。

仮りに東山山荘のすべてにおいて完璧を期そうとする義政の決意を考慮に入れたとしても、比較的簡素な構造のわずかな数の建造物を完成させるのに八年以上もの年月を要したという事実は奇妙なことに思えるかもしれない。計画された工事の完成がはかどらなかったのは、確かに献金と普請人夫の確保が変則的だったことが主な原因だった。しかし、おそらく完成が遅れた最大の原因は義政自身にあった。一つの建物の何かの造作に不満を抱いた時、義政はそれに対して部分的な修正を求めるか、最初からまるごと建て替えることを主張したのではないだろうか。

十九世紀に銀閣寺を訪れたヨーロッパ人たちは概して、庭園の中に点在する小さな建物に感銘を受けなかった。おそらく無意識のうちに、この一将軍の山荘をヨーロッパの王家の宮殿と比べたからではないかと思われる。銀閣寺は確かにヴェルサイユ宮殿ではないし、スペインのフェリペII世が莫大な額の財宝を費やし、自分の栄光を未来永劫残すために建造した陰鬱な霊廟エスコリアルとは似ても似つかなかった。生涯の最後の数年を山荘の建造に捧げはしたが、義政には自分自身を不滅のものにしたいという望みはなかったようである。義政自身が建てた御殿は、平和な時代でさえ火災で焼失した。義政は応仁の乱の経験から、どんな建物でもいつかは破壊を免れないということを知っていた。しかし実は、義政は自ら破壊を招いたのであったかもしれない。中国に対する称賛の気持にもかかわらず、義政は山荘を中国の寺院の様式に倣って煉瓦や石で造ろうとはしなかった。代わりに義政が選んだのは、最も滅びやすい材料である木と紙だけを使うことだった。あたかもそれは、果敢《はか》なさが美の本質的要素であると認めているかのようだった。世界に対する義政の遺言である東山山荘は、事実、美そのものだった。しかし義政はおそらく、それが時間の破壊行為を無視して生き続けることを期待したわけではなかった。逆説的なことだが、それは多くの不滅と思われた記念建造物よりも長く生き続けている。

義政は文明十七年(一四八五)六月十五日、洛北嵯峨の臨済宗天竜寺派臨川寺の三会院《さんえいん》で出家した。長年にわたって義政は、足利義満に倣って俗世から身を引いたしるしに剃髪することを望んでいた。義満の場合、出家することは平安後期の法皇たちのように院政を布くための手段だった。法皇は僧衣をまといながら、国政を動かしたのだった。しかし義政には、すでに俗世に対する野心が何もなかった。なによりも政務に煩わされることなく、精神的な喜びにひたる自由を欲していたのだった。(21) 一部の研究者によれば、義政がこの時点で突然この措置に出たのは、義政を擁する幕府奉行人と、義尚の近習である奉公衆との間の喧嘩に堪えられなくなったからだった。(22) しかし、義政が実際に「遁世」を実行に移そうとしたのは、二年前のことだった。その時、義政は剃髪しようとして後土御門天皇に止められた。しかし今、義政の決意を枉《ま》げさせるものは何もなかった。

義政は、臨済禅の僧として得度した。剃髪を司る役に義政が選んだのは、その信仰よりむしろ優れた漢詩で知られた禅僧の横川景三《おうせんけいさん》（一四二九―九三）だった。[23] 義政は法号として、義満の法号道義を思わせる道慶を名乗った。義政は、今や正式に禅僧となった。しかし、これで義政の行動が目立って変わったというわけではなかった。おそらく義政は、あまり禅の書物を読まなかった。寛正五年（一四六四）、義政は『臨済録』の十五回にわたる提唱を聴聞したことがあった。しかし、聞いたことが何一つわからなかった、と後で正直に告白している。[24] 義政が、いつも座禅を組んでいたという事実を示すものは何もない。義政が他の仏教宗派の僧でなく禅僧になったのは、おそらく禅宗が足利一族の伝統だったからで、若い頃から義政の周囲には禅僧がいた。

禅の影響は、義政にとって文化的、芸術的に計り知れないほど重要なものだった。しかし、禅が義政の信仰そのものに大きな影響を与えたようには見えない。戦乱や政情不穏の時代に慰めを与えてくれるものとして、義政は他の高貴の身分の者たちと同じく、衆生を救済するという阿弥陀仏にすがった。芳賀幸四郎は、義政の浄土信仰が皇族から受け継いだものであったかもしれないことを示唆している（応仁の乱の一時期、義政は天皇や上皇と同じ御殿に住んだことがあった）。

皇族といえば以前は天台宗と密接な関係を持っていたものだが、三条西実隆《さんじょうにしさねたか》（一四五五―一五三七）の日記は、東山時代に君臨した天皇が浄土信仰の熱心な信者だったことをはっきりと指摘している。浄土僧は足繁く内裏に呼ばれ、天皇や廷臣、女官たちに『往生要集』など浄土教の書を講じ、また念仏講などを修していた。わずかな例外を除いて、浄土信仰は当時の宮廷と公家に完全に浸透していた。(25) 一条兼良の息子である大乗院門跡尋尊《じんそん》は、文明十年（一四七八）三月の日記に、「禁裏ニハ悉《ことごと》ク以テ念仏也」と記している。(26)

義政の死後に東山山荘は禅寺となったし、建物全体の構想はやはり同じ禅寺の西芳寺から採られていたが、その中心となる堂の名前には義政の浄土趣味が表れていた。自分の持仏を祀る堂の名前を決めるに際して、義政は西芳寺の本堂（西来堂）の名と何らかの関連のあるものを選ぶよう指示を与えた。しかし同時に、その中には阿弥陀三尊が安置されることも指示していた。(27) 選ばれた名前は、東求堂だった。その含意は、「東方の人、西方の浄土を求める」ということだったようである。(28) 東求堂の襖絵は狩野正信の描く「十僧図」で、これは念仏を唱えることが中核的な重要性をもつことを教えた最初の僧である唐の善導《ぜんどう》（六一三―六八一）の『観無量寿経疏』に基づいたものだった。部屋の机上には、『往生要集』が置かれていた。(29) 東求堂の正面には蓮池が造られ、これは阿弥陀仏によって救われた衆生が蓮の上で復活することを暗示していた。長享元年（一四八七）に義政を訪れた禅僧の亀泉集証《きせんしゅうしょう》（一四二四―九三）は、日記に書いている――実に西方浄土というべきなり、と。(30)

もし浄土信仰が義政に宗教的安らぎをもたらし、この塵と邪悪の世界を離れた時に阿弥陀の極楽で生まれ変わることを義政に保証したとすれば、一方で義政の審美的生活は禅に支配されていたと言っていい。禅僧は、当時の知的社会を牛耳っていた。学問は、中世ヨーロッパの修道院においてそうであったように禅寺で維持されていた。僧たちにとって漢文の知識は、仏典を読むためには不可欠のことだった。しかし当時の禅僧たちは、単に漢文が読めるという域をはるかに越えていた。禅僧が作った漢詩や漢文の中には、真に文学的価値を備えた作品がある。

これらの作品が今日、五山文学として知られているのは南禅寺、天竜寺、相国寺、建仁寺、東福寺など五山の僧たちが新しい文学を創造するにあたって指導的役割を果たしたからだった。五山の僧たちは特権的な生活を送っていた。戦争その他の災害の時期でさえ、将軍や守護大名、摂関家の保護を受けることによって国のどこかで起きている苦難をよそに暮らすことができた。このような気前のいい庇護者のいない比較的小さな禅寺は、経済的困窮に苦しむことが多かった。しかしこれらの禅寺の僧には、少なくとも自分たちが五山の僧と違って正統的な禅の道徳律である「清貧」に忠実に服して生きていると言える満足感があった。

五山の僧たちは、俗世間の人々とほとんど変わらない生活を送っていた(31)。彼らの日記から、五山の僧たちが漢詩を作る集まりを楽しんだり、酒宴に参加したり、仏教の経典や仏典以外の書籍の講釈をしたり、政治や僧仲間の噂話にふけったりしていたことがわかる。日記には、座禅や参禅に触れた記述は皆無に等しい。強い宗教的信仰を持った禅僧の中には、いわゆる五山を始めとする諸大寺における世俗的な空気を嘆かわしく思う者もいた。一休宗純は、その最たる者だった。自分も一庵の住職を務めている大徳寺で、その僧たちの世俗的な営みを唾棄すべきものと見た一休は、あえて僧の戒律を踏みにじり、公然と官能的快楽に身を委ねた。そうすることで、敬虔な僧を装っている者たちの偽善的な振舞に対する侮蔑を顕わにしたのだった。

永享十二年（一四四〇）、大徳寺において一休の師である華叟宗曇《かそうそうどん》の十三回忌の法要が営まれた。信徒たちは、こぞって豪勢な供物を持って集まった。一休は、師を称える儀式にそぐわないこの馬鹿騒ぎに腹を立てた。豪勢な供物は、一休にとっては禅を冒瀆するものであると思われた。一休は寺を出ることを決意したが、まず、大徳寺住職養叟宗頤《ようそうそうい》に宛て漢詩一篇を作った。一休は、宗頤のことを毒蛇、誘惑者等々と罵っている。漢詩は、次のようなものだった。

住庵十日意忙々　　住庵十日、意忙々
脚下紅糸線甚長　　脚下の紅糸線、甚だ長し
他日君来如問我　　他日、君来って如《も》し我を問わば
魚行酒肆又婬坊　　魚行、酒肆《しゅし》又婬坊《いんぼう》

如意庵の住職となっての寺での十日間というもの、私の心は慌ただしかった。私の脚下にからむ紅糸線〔世俗の煩悩〕は、どこまでも長く伸びているようだ。いつの日か、私を訪ねてくるようなことがあるなら、魚屋か居酒屋、あるいは娼家あたりを探してみてくれ。

世俗の営利的行為に明け暮れる大徳寺の僧たちに腹を立てた一休は、魚屋（僧は魚を食うことを禁じられていた）、居酒屋（酒を飲むことも禁じられていた）、あるいは（中でも最も衝撃的な）娼家の「清浄」を求めて、不敵にも寺を出ていくことを宣言したのだった。(32)

大徳寺の僧たちの世俗的な生活が一休に覚えさせた嫌悪感は、禅のめざす理想という意味では十分理解できる。しかし、禅僧たちの日本文化に対する寄与がかくも広範囲にわたったのは、まさに贅沢好みの僧たちが昔の禅師たちの禁欲的な理想を破ったからだと言っていいかもしれない。たとえば、一休の時代の禅僧たちは、肉や魚を食べてはいけないという仏教の戒律に従った。しかしこれまでの禅僧たちがそうしたように一汁一菜の素朴な食事に自分を抑制する代わりに、五山の僧たちは麵類、豆腐、こんにゃく、湯葉、油揚げ、饅頭、納豆など、もともと中国から入ってきた美味珍味で食事に彩りを添えた。これらの精進料理は、最初は禅寺の中だけのものだった。しかし次第に全国に広まり、精進料理そのものが極めて典型的な日本の食事と見なされるにいたった。今日の日本料理の淵源は、東山時代にあると言っていい。(33)

義政は気質として哲学的でなかったし、宗教的理想に根気よく献身する力にも欠けていた。仮りに禅が難解な経典や自力思想のために義政に合わなかったとしても、禅は義政が追求することを願っていた知的かつ審美的な生活に適した雰囲気をもたらした。義政の生活様式が、僧籍に入ったことで大して変わったわけではなかった。確かに時には、（残された史料からわかるように）極めて質素な食事を好んだことはあった。しかし、これは宗教的信仰のためというよりはむしろ、美食に飽満した者の一時的な嗜好に過ぎなかった。(34) しかし次の和歌一首が示すように、義政は若い頃に送った放縦な生活を悔やんでいたように見える。詞書きには、「東求堂に閑居、八月十五日夜、人々来て歌よみ侍るに」とある。

くやしくぞ過ぎしうき世を今日ぞ思ふ
　心くまなき月をながめて(35)

この歌は、意味のない快楽に無駄に過ごした月日を惜しんでいるだけでなくて、義政が今感じている気持の浄化を示していて、それは仏教でお馴染みの悟りの象徴である清澄な月から生まれたものだった。芳賀幸四郎によれば、次に引く別の一首は義政の美的認識が、かつての円満完全の美よりも否定的な不完全の美を高次のものとする段階にいたったことを示すものだった。

わが庵は月待山のふもとにて
　かたむく月のかげをしぞ思ふ(36)

この歌を始めとして東山山荘で詠まれた歌の中に、「わび」という言葉に結びつく地味で渋い洗練された美に対する義政の理解の萌芽を見つけることができる。「銀閣寺」は、義政の想像力の中で成長していくにつれ、この新しい関心の対象を体現するものとなった。

(1) 森田恭二『足利義政の研究』一一一ページ参照。
(2) 同右一一二〜一一三ページ。新しい「花の御所」の普請工事は、烏丸御殿が完成したちょうど一ヵ月後に始まった。
(3) たとえば義政の浪費に対する批判は、僧太極の日記『碧山日録』に記されている。
(4) 森田、前掲書一一四ページ。
(5) 同右一一四ページに引用されている『碧山日録』の記事参照。
(6) 佐竹昭広、久保田淳校注『方丈記　徒然草』(「新日本古典文学大系」三九)二二〇〜二二一ページ、「徒然草」第百三十九段。
(7) 火災について記した同時代の日記からの抜粋は、森田、前掲書一一五〜一一六ページ参照。森田が指摘しているように、それぞれの話にはわずかな食い違いがある。
(8) 河合正治『足利義政』一三八ページ参照。また、森田、前掲書八七〜九二ページ参照。
(9) 森田、前掲書二一五ページ参照。森田は、『樵談治要』から引用している。また、芳賀幸四郎『東山文化の研究』四一八ページ参照。
(10) 義尚を支持して新しい政権の確立を目指す奉公衆と、これまでどおり義政の命令だけを受けて現状を保持しようとする奉行衆が衝突した。河合、前掲書一四〇ページ参照。
(11) 同右。
(12)『大乗院寺社雑事記』に記録されているこの噂は、河合、前掲書一四〇ページに引用されている。問題の女性は、徳大寺公有の娘。
(13) それは十月二十日のことだった。日記『後法興院政家記』(『後法興院記』ともいう)からの引用は、森田、前掲書一一九ページ参照。
(14) 同右一一七～一一八ページ参照。
(15) 同右一一九ページ参照。
(16) 森田は、この日の『長興宿禰記』の件りから引用している(同右一二〇ページ)。
(17) 京都古蹟研究会編『銀閣寺』一二ページ参照。
(18) これらの建物の名称および役割については、横井清『東山文化』一四六～一四八ページ参照。
(19) 同右一五六ページ参照。
(20) 黒川直則「東山山荘の造営とその背景」(日本史研究会史料研究部会編『中世の権力と民衆』)二四二ページ。
(21) 森田、前掲書二一九ページ。
(22) 最初に『大乗院寺社雑事記』に載ったこの説は、河合、前掲書一四一ページに引用されている。また、横井、前掲書一五五ページ参照。
(23) 河合は、横川景三の役割に「剃師」という言葉を使っている(前掲書一四一ページ)。森田は、景三を「剃手」の大役に任じた、と書いている(前掲書二一一ページ)。芳賀幸四郎は、景三は「戒師」を務めたと書き(『東山文化』八〇ページ)、横井は月翁周鏡が「戒師」だと書いている（前掲書一五五ページ）。
(24) 芳賀、『東山文化』八〇ページ。
(25) 同右八〇ページ。
(26) 同右七九ページ。また、森田、前掲書二一五ページ参照。
(27) 横井、前掲書一六一ページ参照。
(28) 森田、前掲書二一五ページ。芳賀（『東山文化』七二ページ）は、さらに詳しく、「東方の人、念仏して西方に生れんことを求む」と解釈している。いずれの場合も、もちろん西方浄土を指していて、そこでは阿弥陀の救済を求めた者が生まれ変わることになっている。
(29) 芳賀、同右八一ページ。
(30) 河合、前掲書一四七ページ。阿弥陀仏の浄土は、西方にあった。
(31) 芳賀、前掲書一五一〜一五二ページ。
(32) ドナルド・キーン『日本文学の歴史』第六巻二〇二〜二〇五ページ参照。
(33) 芳賀、前掲書一五三ページ。
(34) 同右一四八ページ参照。
(35) 同右。また、森田、前掲書一七八ページ参照。
(36) 芳賀、前掲書一四八ページ。「月待山」は銀閣寺の裏山の名前。空の月が沈みかけているのは、義政自身の生涯が終わりに近づいていることを示唆している。

第六章　雪舟・一休と日本文化の心

東山山荘に居を定めるまでの足利義政は、同時代の日本の民衆の福祉にも、将来の世代の文化にも何も貢献しないに等しかった。義政は、将軍として完全な失敗者だった。「征夷大将軍」の肩書は持っていたものの、「夷」も文明人も退治したことはなかった。戦場で軍勢を指揮したこともなかったし、幕府を強化したかもしれない戦略的な同盟を武将たちと結ぶことさえしなかった。義政の治世の終わりに向けて幕府は徐々に弱体化し、守護大名たちは幕府の意志を無視してなお罰せられることがなかった。

最近の研究者の中には、無意味な応仁の乱に関与することを拒否した義政の分別を称賛する者がいる。これは、よく見ても消極的な長所だった。戦乱において義政が幕府軍を率いることを拒んだのは、取るべき適切な行動について熟慮を重ねた末に到達した決断ではなかった。断固たる行動が必要とされた時に、指導者としての自分の無能さを否応なく認めざるを得なかったということに過ぎない。当時はもとより現代にいたるまで、義政は日本史上最も役立たずの将軍の一人ということになっている。

義政は、私生活においても成功したとは言いがたい。若い頃の数多くの女性関係は、義政に何ら永続的な喜びをもたらさなかった。また、義政の結婚生活は惨憺たるものだった。『応仁記』を始めとする当時の文献は、義政を次のような男として描いている。義政には自分の意志というものが欠けていて、そのため、見るからに恐ろしい妻の日野富子の意のままになる無力な道具に過ぎなかった、と。おそらくこの話は誇張されていて、実際には義政は富子の完全な支配下にあったわけではなかった。しかし世間からは、まさにそのように見えた。義政は明らかに、富子の最も魅力に欠ける特徴である飽くなき金銭欲を抑制することができなかった。これが、あるいは富子と仲違いして別居するにいたった理由であったかもしれない。一人息子の義尚との関係もまた義政の意に満たないものだったが、父子の互いの敵意の原因は憶測にとどまるものでしかない。応仁の乱が終わる頃までには、おそらく義政は公的・私的生活を通じて義政自身にとっても失敗者に見えたのではないだろうか。

ところが義政の生涯の後半期、特に京都の東山に建てた山荘に住むようになった後の義政の活動に目を向けるならば、この人物に対する我々の印象はまったく異なったものに見えてくる。東山時代は、日本の文化史上最も輝かしい時期の一つだった。しかもその守護神となったのは、それまでやることなすことすべてにおいて失敗者だった同じ義政だった。もちろん東山時代の文化的発展の功績のすべてが、一人の人物に帰するということはあり得ない。しかし義政の美的感覚は、この時代の独特な芸術的発展の多くの面に反映された。後世の日本人への義政の文化的遺産には、計り知れないものがある。

義政の山荘の中で、二つの建物だけが残存している。おそらくこの二つの建物の最も意外な特徴は、室内の造作が我々を驚かせないということであり、また義政の世界と我々自身の世界を膨大な時の流れが隔てているという実感を与えないことである。それどころか、どの部屋も実に見慣れた感じで、ふだん我々が目にする無数の日本の建物にある部屋とあまりによく似ているので、それが五百年前の部屋であることを忘れてしまいそうになる。

もし我々がタイムマシーンに乗って平安時代の御殿の部屋に足を踏み入れたとしたら、こういう感じは受けないのではないかと思われる。もちろん我々は、それがある種の日本式の建物であることに気づきはしても、よそよそしい感じを受けることは間違いない。仮りに平安時代の建築について学んだことがなくても部屋の幾つかの特徴を認めることはできるかもしれなくて、それはひとえに同じような部屋が『源氏物語』を始めとする平安朝の古典文学の華麗な絵巻物に描かれているからである。紫式部が主人公たちを魔法のように生き生きと描き出したので、我々は彼らのことを十分知っていて、理解しているという感じを持つかもしれない。しかし、彼らが住んでいた建物は、我々とは別世界に属するものだった。

おそらく紫式部が描いている平安貴族の生活で最も際立った特徴は、求愛の作法だった。たとえば源氏は一度も見たことのない女に恋い焦がれて、その女に対する思いの丈を詠んだ歌を添えた手紙を送ったりする。一人の男の情熱が女の筆跡や、几帳の向こうに坐っていて姿が見えない女の袖を一目見ただけで燃え上がるということを想像するのは難しい。源氏はおそらく二人が閨《ねや》を共にするまで、あるいはその段階になってもまだ相手の姿をはっきり見ることがなかった。男の訪問者の視線から女性を守る凝った造りの幕とでもいうべき几帳は、我々にとって最も違和感を覚える平安時代の部屋の特徴である。

我々はまた平安の絵巻物から、鮮やかな緑の畳が御殿の部屋のごく一部だけを覆っていた事実を知らされる（畳が床全体を覆うようになったのは、東山時代からだった）。平安時代の部屋には、ほとんど家具というものがなかった。使わない着物をしまっておく箪笥はなかったし、本を収める書棚もなかった。工芸品を飾っておく場所もなければ、手紙を書く机もなく、食事をする食卓もなかった。部屋はおそらく居心地が悪いばかりでなく、薄暗かった。半蔀《はじとみ》の名で知られる雨戸は、かすかな光を入れることはあっても、それは同時に御殿の外の人々の視線から女たちを守る役割も果たしていたから、部屋を明るくするというよりはむしろ暗くするために役立っていたのではないだろうか。

現代の日本で使われているような、半透明の紙を通して明かりを中に入れる障子（明障子《あかりしょうじ》）は、平安時代の日本ではまだ考案されていなかった[1]。しかし銀閣寺の二つの残存する建物の一つ、東求堂の茶室「同仁斎[2]」には障子がある。障子はおそらく本来は部屋の一隅にある机の上に明かりを取り入れる仕掛けだったろうが、後世の日本建築にとっては欠かすことのできない特徴となった。「同仁斎」に足を踏み入れた時、なぜ我々が親しみを覚えるのか、障子はその理由を説き明かしてくれる。障子は、義政の時代から日本でどれだけ多くのものが変化したかを忘れさせてしまう。

四畳半の茶室「同仁斎」は、日本中いたるところの寺や個人の家にある同じような無数の部屋に似ていて、それはこの茶室があらゆる部屋の原型であるという簡単な理由による。十六世紀以後に建てられたあらゆる和風建築は、この部屋の建築様式に負うものが多い。障子、違い棚、四畳半の茶室、天井、四角い柱、机、そして花や工芸品を飾るために配された空間は、いずれも義政の山荘で決定的な表現に達した書院造の建築の特徴である。仮りに好んで鉄筋コンクリート造りのマンションに住んでいたとしても、日本人であればほとんど例外なく茶室「同仁斎」に足を踏み入れたとき、「家に帰った」ような気がするのではないだろうか。この建築物は、まさに日本の生きた文化の一部をなしている。これと対照的に、平安時代の部屋は遠い祖先と言っていい。

もちろん、親しみを感じたり日本独特のものに思われたりするのは、銀閣寺の建物の内部の造作だけではない。庭（緑の庭も砂の庭も）、池、樹木、周囲の景色のすべてが、我々を自然に溶けこませ、自然との一体感を覚えさせて、それは何世紀にもわたる無数の日本人の理想だった。ここで義政は移ろいゆく四季を眺め、それぞれの季節がもたらす鳥や虫の気配を絶えず感じとっていた。我々もまた義政の喜びを共有することができて、我々は紛れもなく日本にいるのだということを感じる。

月を始めとする自然一般に対する愛着は、ごく初期の頃から確かに日本文学の中に見受けられて、これは「日本人のこころ」の中心部分を占めるに値する。それは同時に、「英国人のこころ」でもあるので、それは英国の庭園を訪れたり、英国の詩を読んだ人なら知っているはずである。しかし、もし特に「日本人のこころ」だけを探したいのであれば、それを見つけるのに最もふさわしい場所は義政の山荘ではないかと思われる。

室町時代の有形の文化の多くは、すでに消え失せてしまっている。応仁の乱と戦国時代の乱世は、寺や御殿、その他の建築物の大半を破壊した。銀閣寺の中でも二つの建物は奇蹟的に戦火を免れたが、ほかはすべて天文十七年（一五四八）の戦乱のさなかに破壊された。残存する建物——銀閣と東求堂——は数度にわたって改修され、多少の模様替えもあった。しかし、本質的に二つの建物は変わっていない。「同仁斎」の中に立つと、義政によって執り行なわれた茶の湯を難なく想像することができる。

義政自身が実際に使った茶碗、茶杓、水差し、その他の茶の湯の道具を、一堂に集めることも可能かもしれない。しかし、その必要はない。この場を説得力あるものにするために、高価な骨董は必要ではない。同じく義政が山荘に掲げた中国の絵画も、その幾つかは危機の歳月を生き延びて残っているが、これまたまったく必要がない。肝心なのは、茶室が醸しだす雰囲気そのものである。もしタイムマシーンのおかげで義政の時代の茶の湯の集まりに参加できたとしても、おそらく我々を驚かせるものは何もないだろう。伝統そのものが、そのままの形で残っているからである。

文明十四年（一四八二）、東山山荘で最初に完成したのは門と台所で、これに続いて翌十五年に居住部分の常御所が完成した。(3) 準備が整うと、義政は直ちにこの建物に移った。少しでも早く、過去の生活を払い落としたいと思っていたようである。

おそらく義政は、自分の山荘を厳密にどのように飾りつけたいか、だいぶ前から思案を重ねていたに違いない。最初の建物が完成するや、狩野正信は襖絵「瀟湘八景図」に取りかかった。正信は中国を訪れたことがなかったし、二本の川沿いにひろがる名勝を直接に知っていたわけではなかった。しかし正信は、中国の絵画でその視覚的想像力に訴える特徴に馴染んでいた。正信は昔の手本に触発されて自分の心に抱いている川の構想を描いたのだった。この一連の作品を描き終わったとき、襖絵にはその名勝について詠んだ著名な僧たちの漢詩が添えられた。

義政は明らかに、正信の仕事の出来栄えを喜んだ。禅堂の西指庵が文明十七年に完成した時、正信は襖絵を頼まれた。さらに同年末、東求堂の襖絵を描くことを命じられている。東求堂は、義政の今一つの仏教信仰である阿弥陀信仰に基づいて建てられた。阿弥陀仏は、その名を唱える衆生を救済することで知られていて、東求堂の本尊だった。義政の命令で、正信は襖に「十僧図」を描いた。(4)

依頼を受けた時、正信は義政に次のように言ったそうである。「宋の画家馬遠の様式で描くのがよいのですが、それでは西指庵書院と同じになるので李龍眠様《りりゅうみんよう》にします。見本を描いてお見せします」と。(5) 義政は将軍家所蔵の書画を管理する美術顧問の相阿弥《そうあみ》に命じ、李龍眠の作品を探させることにした。正信の計画を承認するにあたって、参考にするためだった。しかし相阿弥は当時父の喪に服していたため、しばらくの間、義政は李龍眠の作品を検討することができなかった。襖絵の選択に手間どり、東求堂の完成は文明十八年まで遅れた。

狩野正信が「十僧図」を描くにあたって、当時日本で最も尊敬されていた宋の画家である馬遠でなく李龍眠の様式を採用することに決めたのは、おそらく違った様式で自分の能力を示したい欲求から出たものと思われる。しかし正信は、大和絵や他の日本絵画の様式で描く可能性は検討しなかったようである。正信の決断は、おそらく何であれ中国のものに愛着を示した義政の好みを反映するものだった。東山時代は、日本独特の表現様式はそっちのけで唐物が珍重され、模倣され、崇拝さえされた時代だった。

中国美術に対する愛着は、確かにこの時代に始まったわけではなかった。奈良時代以降というもの、貴族階級は中国文化をすべての面で非常に高く評価し、模倣した。しかしこの中国に対する称賛は、足利義満によって無批判的な崇拝へと発展した。(6) ひたすら中国との交易を望むあまり、義満は中国朝廷の次のような要求を呑んだ。すなわち、日本の品物は属国から中華帝国への「貢物」にほかならない、と。義満がこの屈辱的な要求を受け入れたについては、一つには中国との交易がもたらす莫大な利益があった。しかし一方で、中国皇帝が粗末な献上品のお返しに属国の「日本国王」に賜った美しい品々に、義満が圧倒されてしまったという事実がある。

足利義教と義政の二人に仕えた禅僧の瑞渓周鳳が編纂した『善隣国宝記』には、日中交易に関する文書が集められている。そこには前も触れたように、宣徳帝が義教に与えた贈物の明細が載っている。白金合計三百両、おびただしい量の絹織物、銀製の食器、酒器、筆、墨、紙、香木、虎と豹の皮、等々。(7) おそらく義満が眩惑されたのは、こうした品々であったに違いない。唐物すべてに対する義満の熱い思いは孫の義政に受け継がれたが、義政が中国に注文したものの中には贅沢品だけでなく、当時の日本では手に入らなかった朱子学や禅の書物があった。

日本は、いたって日常的な平凡な品物も中国に依存していた。すでに述べたように、寛正五年（一四六四）に義政が派遣した遣明使は英宗《えいそう》帝に宛てた一通の書簡を携えていた。書簡には、中国の銅銭の不足によって引き起こされた当時の日本の経済的危機のことが述べられていた。義政は中国皇帝に、銅銭の供与を懇願したのだった。

禅僧は、おそらく将軍たちにまして熱心な中国の崇拝者だった。禅仏教が初めて日本に導入されて以来、礼拝の作法を始めとして、禅僧社会の仕組み、寺の建築様式、僧の日常生活にいたるまで、すべて中国のやり方が踏襲された。禅僧は自分たちの裁量で中国との交易を始め、そこから禅寺のためにかなりの収益を得た。しかし禅僧は、（中国の専門家としての資格で）幕府の使節も務めた。将軍から中国皇帝に宛てた国書を起草し、中国の使節が来日した折には接待役も務めた。将軍および当時の知識人が禅僧に求めたものは、仏教の悟りの教えというよりはむしろ中国文明についての知識であり、教養だった。(8)

足利一族の将軍たちは、文化的に公家階級に劣っていることを百も承知していた。それでも彼らは義理堅く、和歌や伝統的な楽器や蹴鞠のような貴族の嗜みを身につけた。しかし、おそらく遠い祖先の時代からこれらの嗜みに専心してきた公家階級の水準に達することは到底できないと諦めていた。中国の書画骨董に向けられた将軍たちの熱意は、公家階級よりも精通している芸術的分野を見つけたことに対する喜びがきっかけとなっていたかもしれない。(9)

義政やその前任者たちが(禅僧の手引きで)集めた中国美術の収蔵品は、当時としては極めて大がかりなものだった。義教、義政の下で将軍家所蔵の美術品の管理役を務めた能阿弥(一三九七—一四七一)が編纂したと言われる中国絵画の目録『君台観左右帳記《くんだいかんそうちょうき》』(のちに孫の相阿弥が増補)と呼ばれる中国絵画の目録は、将軍家が所持していた中国絵画の量と種類を明らかにしている。もちろん、日本で有名な中国美術の収蔵品は将軍家所蔵のものだけではなかった。特に十四世紀に中国から輸入された数多くの絵画は現に禅寺に所蔵されていたし、大名家所蔵のものもあった。しかし将軍家所蔵の絵画は、特に東山時代に数が増すにつれ、群を抜いて重要な地位を占めた。能阿弥が編纂した『御物御画《ぎょもつおんえ》目録』には山水画七四幅、花鳥画九一幅、道釈人物画一一四幅の所蔵が記されている。幅数の最も多い画家は牧谿で一〇三画、次が梁楷で二七幅だった。宋、元王朝の名手、総勢三十名の作品が含まれていた。しかし能阿弥が記しているこれら二七九幅も、将軍家所蔵の絵画のすべてではなかった。能阿弥は、ここでは名品だけを選んだようだった(10)。将軍もしくはその美術顧問の一人が定期的に収蔵品を検討し、二流の作品は売りに出された。

当初から、贋作が問題とされた。いったん牧谿や梁楷のような絵師に対する日本人の好みを知った中国人たちは、これらの絵師の署名の入った一見もっともらしい贋作を次々と生産した。将軍家所蔵の品ばかりでなく寺や大名の所有物も自由に見ることができた義政は、評判の高い絵師のものとされるさまざまな絵画を研究し、ついには中国絵画における「当代随一の鑑識眼」を持つようになった(11)。

一流の中国絵画の収蔵品は、日本の絵師たちの着想の源だった。彼らは幸運にも、義政と前任者たちが選び抜いた中国絵画の最盛期――北宋、南宋、元――の作品に取り巻かれていた。日本の絵師たちは、最初は中国の名品を模倣することに没頭した。しかし次第に、さまざまな中国の絵画様式を吸収し、自分のものとした。

水墨画は特に重要で、それは水墨画が日本絵画の新しい分野を切り開いたからだった。そもそも水墨画の起源は、色彩の拒否にあった。つまるところ、これは老荘の思想から出たものだった(12)。老子は、「五色は人の目をして盲ならしむ」と言っている。色彩に気を取られると、物の真の姿を見つけることができなくなるという意味である。一方、墨一色で描かれた絵には、すべての色彩が含まれていると考えられた。

日本における水墨画の最も初期の例は、宗教的な絵画だった。達磨の肖像は、日本で最初に中国の水墨画の模倣を試みたのが禅僧であったことを示している。禅僧たちは、宗教的信念を表現する手段として水墨画を描いたのだった。禅僧たちは絵師としてもかなりの腕前で、おそらく中国の水墨画の技術を模倣するのにさしたる困難を感じなかったのではないかと思われる。禅僧たちが描いた作品は、少なくともそれなりの域に達していた。

室町時代でまず挙げられる傑出した画僧は、如拙《じょせつ》だった。足利義持の命令で描いた「瓢鮎《ひょうねん》図」は、狩野派の画家たちによって狩野派美術の源と見なされ、中国独特の絵画様式が日本で最初に成功した例だった。如拙の弟子で将軍家の御用画家だった天章《てんしょう》周文《しゅうぶん》は、十五世紀後半の日本絵画の世界に君臨した。生没年は不明だが、周文は東山時代にはまだ活躍していて、あるいは義政のために絵を描いたことがあったかもしれない。数少ない周文の真筆とされる作品が残っているが、その高い評判にもかかわらず作品の価値は疑問視されている[13]。

東山時代の最も有名な絵師は、言うまでもなく雪舟等楊だった。雪舟は相国寺で禅僧の修行を積むかたわら、周文に絵を習った。何年もの間、雪舟は中国絵画の模倣にかなりの時間を捧げた。この経験は、おそらく周文に学んだ以上に雪舟の絵師としての腕の向上に大いに役立ったのではないかと思われる。応仁の乱が勃発した応仁元年（一四六七）、当時四十八歳だった雪舟は遣明船に便乗して中国へ渡る機会を得た。雪舟は中国に二年いて、その間に何幅かの絵を描いたことで知られている。一説によれば、雪舟は北京の王宮の礼部院の障壁画の仕事をまかされた(14)。また、中国の自然を数多く写生した。

雪舟は中国のさまざまな様式で絵を描き分ける非凡な能力を見せたが、より重要なことは技巧的な模倣の段階を越えて雪舟自身の独自の様式を完成させたことだった。晩年、雪舟は昔を回顧して中国で出会った絵師たちに失望した事実を述べている。中国での経験は、かえって如拙や周文に対する雪舟の尊敬を強めることになった(15)。中国の絵師からの独立をはっきり示すために、自作に「日本雪舟」と署名したこともあった。

雪舟は文明元年（一四六九）、日本に帰ってきた。京都は戦乱によって荒廃し、絵師が仕事を見つけるのにふさわしい場所ではなかった。都における雪舟の最も好ましい擁護者は、義政であるはずだった。しかし義政には、すでに二人の御抱え絵師、狩野正信と小栗宗湛《おぐりそうたん》（一四一三―八一）がいた。雪舟が義政に仕える機会はないように思われた。そこで雪舟は、文化的に開けた大名二家の庇護を受けることにした。周防の大内氏、豊後の大友氏である。両氏の庇護によって、雪舟は金銭上の心配なく創作活動に没頭することができた(16)。雪舟は、二度と京都に戻ることがなかった。しかし文明十五年、（二年前に死んだ）宗湛の代わりを探していた義政は、雪舟が周文の弟子であったことを思い出した。義政は雪舟に、東山山荘を飾る絵を依頼した。雪舟は、「金殿」に絵を描くのは一介の僧にはふさわしくないと言って、この栄誉を辞退した。雪舟は、代わりに雪舟が推挙したのは、自分が特にその絵に惚れ込んでいた狩野正信だった。雪舟は、正信が義政の御抱え絵師であることを知らなかったようだった。(17) 正信を推挙したのは雪舟の懐の広さであるが、雪舟が銀閣寺の室内装飾に加わらなかったことは、つくづく惜しまれてならない。

この時代の絵画に関わった他の数人の人物も、ここで挙げておくに値する。たとえば義政の同朋衆(18)の一人で自身尊敬されるべき絵師で歌人だった能阿弥は、すでに見たように将軍家所蔵の美術品の目録を編纂した。能阿弥は収蔵品の目録を作っただけでなく、一五六名の絵師の評価、格付けをした。能阿弥の判断には、時に驚かされるものがある。たとえば能阿弥が取り上げた絵師の中で、日本人は一人だけだった。中国で勉強し、中国で死んだ禅僧の黙庵霊淵《もくあんれいえん》である。雪舟が高く評価していた如拙と周文は、取り上げられていない。これによってわかるのは、東山時代には一般に中国絵画というものが日本人の描いたどの作品よりも優れていると見なされていたということである。(19)

この時代の絵画の中で特に傑出した一枚があり、それは弟子の墨斎（一四九二年没）が描いた高名な一休禅師の肖像画である。当時の典型的な絵画、たとえば上手に描けていて懐かしい思いを誘いはしても個性というものを感じさせない風景画と違って、墨斎の一休の肖像画は一度見たら忘れることができない。これは何よりもまず、一個の人間の顔である。一休の人生や漢詩と同じように、印象が強烈で、異様で、型破りである。一見したところこの肖像画は、神経質な生命力の一瞬を捉えた単なるスケッチに見えるかもしれない。しかしこれは、意識的な芸術的手腕のなせる技だった。禅僧らしからぬ不精髭と、剃らずに髪を無造作に伸ばした頭は、偉大なる一休の先輩たちを思わせる。たとえば、いつも不精髭で描かれている臨済。そしてついには、いつも髭面のままの姿を見せている達磨そのもの。[20]この肖像画の成功は、明らかに題材そのものに多くを負っている。これはおそらく、顔から複雑な性格が読み取れる一人の人物を描き出した日本最初の肖像画である。

一休禅師は、今日もっぱら子供向けの「一休さん」の頓知話で人々の記憶に残っているが、彼自身が生きていた時代には何よりも当時の腐敗した禅僧に対する容赦のない攻撃で知られていた。我々は一休が、特に戦争による飢餓と憔悴に人々が苦しんでいる時に平気で浪費を重ねた義政のこともまた、当然攻撃したはずだと思いがちである。しかし一休の苛酷な攻撃の矢は、そのほとんどが禅の教えを（彼の考えによれば）裏切った人々に向けられていた。

よく知られている義政の肖像画は、高名な土佐光信《とさみつのぶ》の作とされている。しかし一休の肖像画に比べると、ほとんど失望させられる。背景に屏風画が見えるのは、義政が美術好きだったことを暗示している。しかしそれ以外に、この肖像画は人物についてほとんど何も語っていない。かなり無表情な顔は、銀閣寺にある木像の顔とほとんど似ていない。つまり、これは義政の肖像画というよりはむしろ将軍の確固とした威厳を伝えることを意図した偶像のように見える。

偶像が人を失望させるのは、義政が実際にどういう人物だったかということについて何も語ってくれないからである。これに対して一休の肖像画が我々に忘れがたいのは、一休の人間性を前面に押し出しているからである。人間性は、室町時代の非宗教的な絵画ではめったにお目にかかることのできない特質である。そこでは中国の絵画を模倣して、人間はほとんど装飾的な要素に過ぎず、自然の広大さを引き出すための小さな点景として描かれている。このような絵画が十分満足のいく作品であることはあり得るし、私自身、ほとんど風景を消し去った十六世紀、十七世紀ヨーロッパの肖像画ばかり並んだ展示に疲れきった時には、そういう絵に喜んで救いを求める。しかし、それにしても偉大なヨーロッパの肖像画家の一人（あるいは、墨斎）が、義政のような複雑な人物の容貌と性格を我々のために描き残しておいてくれていたら、と思わずにはいられない。

（1）　障子は昔の文学作品にも出てくるが、その場合の障子は現在「襖」と呼ばれているもので、外から明かりを取り入れるというよりはむしろ、部屋を仕切るために使われるものだった。
（2）　この茶室の名前は、仏教の用語で「阿弥陀のもとではすべての人は平等」という意味を含む「同仁」という言葉から取られた。この名称は、横川景三らが候補に挙げた中から義政が選んだ。宮上茂隆「足利将軍第の建築文化」（『金閣寺・銀閣寺』日本名建築写真選集一一）一二二ページ参照。
（3）　同右一一四ページ。
（4）　「十僧図」については、森田恭二『足利義政の研究』一三一ページ参照。題材は、唐時代の阿弥陀信仰の書である善導の『観無量寿経疏』から採られた。原典には、「第二夜、七宝樹の下、金蓮華の上に坐る真金色の阿弥陀仏を見た。十僧がこれを囲繞し、各々一宝樹の下に坐る」とある。

(5) 宮上、前掲書一一四ページ参照。
(6) 芳賀幸四郎『東山文化』二八〜二九ページ参照。
(7) 同右二九ページ。
(8) 同右三〇ページ。
(9) 同右三一ページ。
(10) 同右五九ページ。
(11) 河合正治『足利義政』一五四ページ参照。河合は、義政が蔭涼軒主亀泉集証とともに相国寺に行き、足利義持から寄進された牧谿の作とされる三幅一対の画を見せられた時のことを『蔭涼軒日録』から紹介している。亀泉集証は、三幅一対の画がすべて牧谿によるものだと信じていたが、義政は中央の布袋の図は牧谿筆でないと言い切った。老僧たちは、中央の布袋の図もまた牧谿の真筆であることを確信していたが、義政はこれを一笑に付した。あとで相阿弥らが調べた結果、賛の年号と干支から牧谿のものではあり得ず、絵そのものが贋作に違いないことが明らかとなった。
(12) 笠井昌昭氏の説。田中英道『日本美術全史』二二八ページ参照。
(13) 芳賀、前掲書六〇〜六一ページ参照。芳賀は、周文の代表作とされている作品について、北宋画の模写の段階を出るものでなく、深みに乏しい、と書いている。田中は、周文の構成の弱さに不満をもらしている（前掲書二三二ページ）。他の批評家たちは好意的であり、中には周文が彼の着想の元となった中国の名匠の域を越えたと主張する者もいる。
(14) 雪舟が実際に、このような絵画を描いたかどうかは知られていない。しかし、雪舟の友人の一人が書いた文章は、雪舟が中国で尊敬されていたことを示唆している。
(15) 芳賀、前掲書六三ページに引用されている雪舟の言葉を参照。
(16) 同右六二ページ。
(17) 横井清『東山文化』一七四〜一七五ページ参照。正信は、この時代の絵師には珍しく僧体ではなかった。
(18) 同朋衆は足利将軍家に仕え、将軍身辺の雑務をこなした。その務めの中には将軍家所蔵の美術品の鑑定、管理もあった。「阿弥」号を持ち、これは時宗の徒に共通の慣習に従ったものだった。もっとも、彼らが必ずしも時宗の信者というわけではなかった。
(19) 芳賀、前掲書六五ページ参照。
(20) この一休の肖像画について詳しくは、ドナルド・キーン『日本人の美意識』一七七〜二〇六ページ参照。

第七章　歌人義政と連歌芸術

足利義政が文明十五年（一四八三）、最初に東山山荘に居を構えた当時の主要な建物は、義政の居住部分である常御所と会所の二つだった。会所、つまり文字どおり「会合の場所」である。この二つの建物はその後、完全に消滅した。しかし、我々は残された日記や文書から、その外回りの寸法のみならず各目的を持った部屋の配置まで知ることができる。また、どのような絵がその壁や襖を飾っていたかもわかる。山荘の全貌は、建物と庭と最高の自然環境が絶妙の配合を見せる日本で最も美しい場所の一つを構成していたに違いない。天災と人災によって本来の状態の東山山荘を見る喜びを奪われてしまったことを、我々はただ惜しむしかない。

最初に完成した常御所は、南北七間（約十三メートル）、東西六間（約十一メートル）の小さな建物だった。(1) この寸法は、偶然にそうなったのではなかった。内裏の清涼殿の寸法を、そのまま模したものだった。東山山荘の常御所は、のちに織田信長が天正四年（一五七六）から天正七年にかけて築いた安土城内にある信長の住居の手本となった。

常御所の復原図によれば、六畳の義政の寝所は建物の中央に位置していた。おそらく寝所のまわりを部屋で囲むことは、外から襲撃された際の用心のためであったと思われる。しかし庭が好きだった義政が、庭も景色も見ることのできない部屋を寝所に定めたとは驚きである。

寝所の東側には八畳の昼御座所、北東には四畳の書院があった。ほかに台所、義政に仕える同朋衆の控えの間、外来者の控室などがあった。このあまり大きくない建物は、明らかに世俗の仰々しさに飽き飽きした一人の男の隠居所として建てられた。

義政は主に建築資金を見つける上で、多くの挫折を味わった。しかし、だからといって自分の美意識にかなう山荘を建てるという義政の決意は変わらなかった。義政は、自分が思い描いている山荘の美を損なうような経済的理由による計画の変更は一切受けつけなかった。建築においても義政は、絵画におけると同様に完璧主義者だった。建築するつもりの建物の設計図を引く前に、義政は他の建物を研究した。たとえば会所を計画中の文明十六年（一四八四）と十七年、義政は金閣寺を訪れ、それぞれ数日をそこで過ごした。金閣寺そのものよりむしろ義政が感銘を受けたのは、金閣に昇った時に見えた寺全体の建物の絶妙な配置だった。

義政の金閣寺研究は、金閣の復原という形にはならなかった。事実、銀閣は金閣に似ていない。義政が金閣を訪れたのは、偉大な建築作品の美に自ら浸るためだった。あるいは義政は、同じ建物が寺院と邸宅の両方を兼ね備えるという着想に好奇心をそそられたのかもしれない。(2)

義政はおそらく、自分の銀閣が二流の金閣以上のものにはならないと思っていた。義満の時代から不幸にも零落した世界では、望み得たとしてもそれが精一杯のことである、と。

洛中に次々と慌ただしく御殿を建てていた頃、義政の念頭には常に新しい建物の周囲の景観のことがあった。義政は、庭園で建物を引き立てようとした。しかし、近くに他の建物がある洛中で出来得ることには限界があった。景観設計に向けられた初期の努力は、東山山荘の計画に乗り出した時の構想の大きさから見れば、たかが知れていた。山荘の場所は全体の美を損なうような既存の建物に妨げられることがなかった。山荘は非の打ちどころなく均整がとれ、建物は素晴らしい庭の中に配されるのだった。中でも最高なのは、背景として素晴らしい東山丘陵を抱えていることだった。

将軍としての職務を果たすについては無能だった義政も、自分の隠居所の計画を実行に移すについては断固たる決意を持っていた。たとえば山荘の庭に立派な樹木と鑑賞用の石が必要だと思えば、それにふさわしい樹木と石を京都の御殿の庭から移し、東山へ運ぶよう命じた。元の御殿の住人が庭を荒らされたくないかもしれないなどということは、義政の念頭にはなかったようだった。当時の可能な限りの手段で樹木と岩を洛中から丘陵へ移動するには、非常に大勢の人夫を必要とした。将軍でさえ、必要とされる労働力を集めるのは容易ではなかった。しかし長享二年（一四八八）、幸運なことに越前の大名朝倉氏が士分の者千人を含む人夫三千人を提供した。彼らは院御所の庭の松を掘り起こし、東山山荘に運んで植え直した。(3)

会所の普請は文明十八年(一四八六)に始まり、翌年に完成した。建物の建築費用は、数年前より全国各地の大名に課された。(4)献金は、思うように捗らなかった。臨時という名目で、新たな税が農民に賦課された。農民たちは一回限りの課税だと約束されたが、実際には何度にもわたって賦課されることになった。税の徴発は、農民あるいは荘園領主に向けられたものを問わず、多くは建物の建築に必要な人夫徴発という形をとった。(5)その間、文明十七年には度重なる人夫徴発に怒った国人と農民が大規模な一揆を起こした。一揆の鎮圧には、かなりの手間がかかった。

義政は長享元年(一四八七)十一月四日、正式に会所に入った。七日、義政は完成を祝って参賀に訪れた公家たちを引見した。常御所よりも大きく立派な建物である会所(6)は、おそらく銀閣寺の現在の銀沙灘《ぎんしゃだん》のあたりに建っていた。庭園の中心を占め、二方に池を見渡す位置である。「会所」は、室町時代の建築の新機軸だった。会所というのは、もともと公家や武将の私邸の一部で、寄合のための場所だった。応永八年(一四〇一)、足利義満は別棟として最初の会所を建てた。それ以来、室町御殿に住む代々の将軍は、それぞれ自分の会所を建てた。義政の代になるまで、会所は将軍と重臣たちの談合の場所としても使われた。そのため、幕府の政治は「会所政治」と呼ばれることもあった。(7)

しかし義政は、東山山荘の会所を政治的な談合のために使うつもりはなかった。もともと義政が将軍職を退いたのは、政治家の騒々しい口論から逃げたかったからだった。義政は、重臣たちがそれぞれ自論をまくしたてるのを聞くのが苦痛だった。しかし、(義政は将軍だったから) その退屈に辛抱強く堪えなければならなかった。山荘の建物のどれ一つとして、政治その他の公的な目的に使われることはなかった。そこはあくまで義政の住居であり、礼拝の場所であり、美的追求にふける部屋だった。(8)

しかし、会所は隠者の草庵であることを意図したものではなかった。義政は、他人との関係を一切断って世の悲哀について孤独な瞑想にふけろうとしていたわけではなかった。東山山荘の他の建物は座禅や念仏を唱えるためのものだったが、会所は当時の隠遁者さえもが望んでいた人間のつきあいを楽しむ場所だった。

義政が会所に招いたのは、自分と同じように心静かに絵画その他の芸術作品を味わうことのできる人々だった。また和歌を作ることや、茶の湯のような洗練された嗜みに打ち込んでいる人々だった。そこで和歌を詠むことが、おそらく会所を作った主たる目的だったと思われる。

義政は自身、優れた歌人だった。義政が最初に和歌の詠み方を教わったのは、少年の頃であったと思われる。和歌を詠むことは書を学ぶことと同じく、義政の教育の最も基本的な部分をなしていた。日本の将軍たちは平安貴族のように、いついかなる時でも歌が詠めることを社交の嗜みとして必要不可欠のものと考えていた。仮りに義政の歌が比較的わずかしか残っていないとしても、我々は義政が生涯を通じて多くの機会に歌を詠んだと思っていいだろう。(9)

義政 (およびど同時代のほとんどの歌人) が好んだ和歌は、二条派の流儀によるものだった。二条派によれば、和歌を詠むにあたって肝心なことは簡潔明瞭に自分の心を表現することだった。歌人は、数世紀にわたって徐々に築き上げられてきた和歌作成上の規則を、最大限の注意を払って遵守しなければならなかった。過去の歌に暗に言及することは不可欠なことと見なされ、流派にかかわらず向上心あふれる歌人は主要な和歌集に完全に精通していなければならなかった。歌人は昔の歌に言及し、そこで使われている語彙の範囲内で歌を詠むことになっていた。いわゆる歌語として公に認められていない言葉や、不適当に思われる引喩など、歌を醜く見せるものはどんなことがあっても避けなければならなかった。

和歌を詠むことは、本質的に社交活動だった。確かに歌人は自分の部屋の孤独の中で歌を推敲するわけだが、平安時代から宮廷の人々には「歌合」といって歌の優劣を競う遊戯に参加する習慣があった。二組に分かれ、与えられた課題で歌を詠み、判者が双方の歌の優劣を判定するのだった。和歌作成上の厳しい規則が、歌合のために考案された。これらの規則は、瑣末で恣意的なものに思われがちである。しかし厳しい規則は、それがなければ遊戯に過ぎなくなってしまうものに文学的な価値を与えた。これらの規則なしには、課題について詠まれた二つの同じような和歌のどちらが優れているかを判定する客観的方法はないのだった。歌合の判者は、すべての規則に通じた誰もが認める専門家でなければならなかった。さもないと、二つの歌の相対的な価値についての判定が非難の応酬を招くことになるかもしれなかった。名人だけが、判定を穏やかに承服させることができるのだった。

義政は、歌合に参加することを楽しんでいたように見える。将軍の詠んだ和歌に、あえて批判を加える判者がいたとも思えない。しかし残されている義政の和歌を見れば、えこひいきの恩恵を受けなくても義政がそれなりの力を持っていたことがわかる。義政は、明らかに間違いと思われるようなことを避けられる程度には和歌の規則に精通していた。その歌は記憶に残るようなものではない。しかし、義政が和歌と真剣に取り組んだことは事実である。

義政の和歌集の中に、歌合の判者も務めた歌人の飛鳥井雅親との歌のやりとりが含まれている。義政は「飛鳥井雅親のもとへ独吟百首の点をこひにつかはしけるに、五十二首に墨印をつけて一巻の奥に」と前置きして、雅親の次の和歌を引用している。

百草に匂はぬ色はなけれども
　花あるをこそ猶あかずみれ

雅親は、義政の歌にはすべて芳香があるが自分はそこに「花」があるものを特に素晴らしいと思う、と言っているようである。義政はこれに対する返しの歌で、自分の「花」は粗末なものではあるが、いずれも心の底から出たものだと応えている。(10)

義政の和歌には、義政のような風変わりな人間の歌に期待されていい個性がめったに見られない。しかし義政の「述懐」は、たとえば次の歌のように感銘を与える時がある。ここで義政は自分自身に対する不満にそれとなく触れていて、国をうまく治められない自身の窮境を暗に語っている。

憂き世ぞとなべて云へども治めえぬ
我が身ひとつに猶嘆くかな(11)

義政は、漢詩も作った。この時代には、漢文は禅僧が歴史書や宗教書を書く時に使われ、禅僧は数多くの漢詩も作った。(12)東山時代は、日本の漢詩文の盛んな時期——おそらく最盛期——の一つだった。(13)この時期の漢詩の傑作の多くは、京都の主要な禅寺である五山のどれかに属する禅僧たちによって書かれた。義政はこれらの僧たちと頻繁に交際していて、明らかに彼らの漢詩に精通していたし、時には一緒に漢詩を作ることもあったに違いない。しかし義政は、和歌を作る方が好きだったようである。

義政は事実、漢詩より和歌に興味を持っていた。しかし、長禄三年(一四五九)の正徹の死以後、義政が見習うべき傑出した歌人はいなかった。そのことで義政が不自由な思いをしたということはないと思われる。和歌の歴史においては小さな位置しか占めていない歌人でも当時は重要だったし、義政はそういう歌人に批評や称賛を求めたのだった。

東山文化で最も重要な歌形式は、明らかに連歌だった。連歌というものが出来て最初の数世紀（最も古い連歌の例は、すでに八世紀に見られる）は、二番目に句をつける者の力量を見る一種の試験のようなものに過ぎなかった。すなわち、最初の一人が当惑させるような十七文字を作った後に、二番目の者がいかにうまく付句を詠んで一つの歌として完成させるかを試したのだった。前句が曖昧であればあるほど、その後を受けて全体を意味の通るものにする付句の作者の功績は大きなものとなる。時には、次に引く例のように十四文字の前句に十七文字の付句が続くこともあった。

うらかおもてかころもともなし

しのゝめのあしたのやまのうすがすみ(14)

付句は、前句の「ころも」を「かすみ」と解釈している。まだ衣の表か裏かを見分けられない夜明けの暗がりに、山を覆っているように見える薄霞の衣、というわけである。不可解な最初の句に対する二番目の人物の付句は素晴らしい出来栄えだが、歌のやりとりは満足すべき統一体を成していない。連歌は、まだ遊びの域を出なかった。

真剣な歌芸術としての連歌作りへの突破口となったのは、十二世紀末に前句、付句の「鎖」を交互に連ねていく歌形式が流行したことだった。この「鎖連歌」と呼ばれるものが、ついには長連歌へと発展した。すなわち数人の人間が、宮廷歌人たちによって考案された一定の規則に従って、お互いの「鎖」に代わる代わる応えていく歌形式である。これまで主として鋭い機知を誇示するものだった歌形式の文学的可能性に気づいた宮廷歌人たちは、それに規則を加えることで威厳を与えたのだった。

二条良基《にじようよしもと》（一三二〇―八八）は、優れた連歌芸術論を書いた最初の人物だった。良基は連歌を和歌の一形式と考え、それを神聖な芸術の域にまで高めた。当時の連歌の注目すべき特徴は、一つの歌が数人の歌人によって詠まれるという事実を別にすれば、使われる言葉が勅撰集に出てくる歌語に限られていないことだった。また題材が同時代的で、時には和歌の歌人たちに好まれる永遠の主題でなくて束の間の状況を描くこともあった。連歌の中で最も有名な「水無瀬《みなせ》三吟」の中に、偉大な連歌師である宗祇の次の句がある。この句は、応仁の乱の時の京都の悲惨を見事に描き出している。

草木さへふるき都の恨みにて(15)

連歌の規則は、遊びに過ぎなかったものを洗練された文学芸術に高めようとする試みの中で複雑化していった。あまりに多くの規則が作られたので、それをすべて知っている専門家が必要となり、連歌の会はこのような専門家によって取り仕切られるようになった。どうでもいいような瑣末な規則でさえ、それが破られれば、たちどころに失格と見なされたのである。

連歌芸術は、東山時代に頂点を極めた。宗祇（一四二一―一五〇二）と心敬（一四〇六―七五）が、この時期に活躍した。また、この二人とほとんど同等の力を持った連歌師たちが協力し合って百句、ないしは千句の連歌まで作られた。連歌は、数少ない本物の連歌師たちだけが作ったのではなかった。国中の無数の人々が、こぞって連歌作りにいそしんだ。その中には、心敬の次の指摘から推量できるように教養のない人々もいた。

田舎ほとりのこの比の連歌を聞き侍るに、更に修行工夫の道とは見え侍らず。たがひにぬさ取りあへざるさまなり。

誠の世にみちてよりは、心たかく情けふかき道は絶え侍るにや。ひとへに舌の上のさへづりとなりて、胸の修行は跡なく侍るやらん。されば、道のほとり市のなかに、千句万句とて耳にみてり。たま〳〵道に入れるともがらも、ひとへに世を渡るよすがになして、日々夜々に乱れあひぬるばかりなり。此の道の雑法末法にあひかなへる時なるかな。(16)

最近田舎あたりで聞いた連歌は、修行工夫の跡が何も見えず、ひたすら混乱状態にあるようである。

事実、このような愛好家が数多く輩出してからというもの、気高く心にしみるような連歌の芸術は絶えてしまったようである。連歌は舌先だけのおしゃべりとなり果て、心の鍛練は跡形もなく消え失せてしまった。おかげで道を歩いても市場のそばを通っても、千句万句の耳ざわりな音に悩まされることになった。まれに連歌に本当に精通している者がいても、もっぱら連歌を世渡りの糧にしている始末である。夜を日に継いで、彼らは見境なく連歌作りにふけっている。我々の時代は連歌が形式に堕して、最後の衰退を見せる時期に相応しているようである。

なぜ東山時代に、それほど連歌に人気があったのか、と人は思うかもしれない。証明することは難しいが最も簡単な答えは、人と人とを切り離す戦争や敵対行為の時代に、連歌は人々を互いに懇親的な状況の中で結びつけたからだった。友人同士が簡単な食事をするために集まり、連歌や和歌を詠んで一緒に楽しく時を過ごすといった話が、この時期から文書類に頻繁に見られるようになる。あるいは同じ人々が時には酒を飲んだ後で、小歌や早歌を歌って日頃の憂さを晴らしたかもしれなかった。応仁の乱の激しい対立のさなかに、人々は仲間意識と和やかな雰囲気にあこがれ、それをこのような集まりに見出したのだった。芳賀幸四郎は、「団欒性はたしかに東山文化の顕著な性格の一つである」と書いている。(17)

静かで和やかな孤立した場で一夕を過ごす友人仲間にとって、連歌は理想的な遊びだった。そこは、銘々にとって精神的安らぎの場にほかならなかった。その本質からして連歌の集まりは、議論にふさわしい場所ではなかった。政治的意見や経済的利害のいかなる衝突も、連歌を作るために集まった人々に必要な調和を致命的に傷つけることになった。調和を保つために、ある種の話題は禁句になっていた。たとえば政治や宗教を論ずること、家庭の私事に触れること、他人を批判すること、等々である。(18)

一人の歌人を別の歌人と競わせ、どちらが相手にまさっているかを決める歌合と違って、連歌はお互いが協力して成果を上げる芸術だった。それはむしろ、古来の遊戯である蹴鞠に似ていた。蹴鞠の参加者は、誰も取れないような遠いところにボールを蹴ろうとしたり、またネットにボールを蹴り入れて点数を稼いだりするのではなかった。そうではなくて、ボールが最後まで地面に落ちないようにお互いに助け合うのだった。そこには競争もなければ、勝利者もいなかった。同じことが、連歌についても言えた。連歌の集まりで、自分が他人よりも優れていることを証明しようとするあまり、皆が協力して作り上げようとしている連歌に不可欠な雰囲気の統一をぶちこわしてしまう参加者は、次の会には招待されないことになるのだった。

参加者は、自分が「座」に属していると考えていた。すなわち、精神の連帯感を共有する仲間、ということである。これは「座」に属する人々にとって、必ずしも銘々の個性を失うことを意味するものではなかった。もっとも、誰もが意図的に他の人々と異なろうと努めることがなかったのは事実である。二条良基は連歌を、やはり「座」によって引き継がれてきた今一つの芸術である能と比較している。(19)一つの舞台を演じる能楽師たちは同じ「座」に属し、お互いに支え合って働くことに馴れている。しかし、だからといってそれは能楽師としての銘々の個性を排除するものではなかった。連歌の集まりの理想的な仲間とは、お互いをよく知っていて、お互いの句に難なく応じることができる人々で、しかしそれは決して単に調子を合わせるというのと違って銘々の個性が発揮された。

連歌芸術はあまりに尊重されたので、それを神聖視する者まで出てきた。文明三年（一四七一）、宗祇が伊豆の三島神社に献納した発句のおかげで、一人の子供の病気が奇蹟的に治ったと信じられた。また永正元年（一五〇四）、宗祇の弟子宗長は自分が仕える大名の戦勝を祈願して、同じ三島神社に千句の連歌を献納した。

田舎の連歌愛好家によって構成される連歌の会の参加者たち、つまり心敬が軽蔑を顕わにした類の人々であるが、彼らは時には共同制作の精神を忘れ、仮りに規則を破ってでもその場限りの称賛を得られる一句を詠もうとしたに違いない。宗祇や心敬のような連歌師が実践していた連歌は、並みの連歌愛好家が真似するにはあまりに高尚すぎた。しかし彼らは、仮りに自分の作品が嘆くべきものであったとしても、まさに本物の連歌師と同じように真剣な思いで連歌に参加した。

連歌に自己のすべてを捧げていた連歌師の心敬が、自分もまた連歌を作っているのだと思っている無知な商人や農民を見下していたとしても驚くにはあたらない。しかし連歌師が作品の中で、連歌芸術のより高い到達点を理解しない自称連歌師たちにいくら軽蔑を顕わにしようと、彼らもまた完全に世俗的関心から自由なわけではなかった。応仁の乱がもたらした破壊と無秩序のため、数多くの連歌師が都を捨てて他国に庇護者を求めた。都から遠く離れた国に住む大名や富裕な商人たちは、都で今一番流行している連歌の腕を上げたくて仕様がなかった。彼らは喜んで連歌師を歓待し、その見返りとして連歌の手ほどきを受けたのだった。

宗祇の流儀による連歌は、大名たちにとってひどく疲れることだった。彼らはもともと武将であって、歌人ではなかった。いくら有心連歌がうまくなりたかったにせよ、会が終わって酒宴となった時、大名たちはほっと一息ついたに違いない。ここですっかりくつろいだ参加者たちは、のちの俳句の原型である滑稽で野卑でさえある無心連歌にふけったのだった。

足利義政は、連歌作りに没頭した。将軍時代の初期、義政は北野天満宮において毎年千句の連歌の会を催した。そのほかにも、客を招いて数多くの連歌の会を催している。三十歳になった寛正六年（一四六五）春、義政は桜で名高い都の名所を花の盛りに訪れた。三月四日、連歌会が東山丘陵の一つである花頂山で催された[20]。もちろん義政は発句を詠んだ。発句は連歌の最初の一句で、最も重要な句と見なされていた。この時に義政が詠んだ発句は、次のようなものだった。

咲満ちて花より外の色もなし

二日後、大原野の花見の際の連歌会で、義政は次の発句を詠んだ。

遠くきてみるかひありや花盛

これらの発句は、見渡す限りに咲き誇る桜の花を見た時の義政の喜びを伝えている。おそらく前者は、花以外に人の目を楽しませるものがほとんどなかったことをほのめかしているが、この年は義政にとって比較的幸福な一年だった。花頂山の花見に義政は妻の日野富子を伴っていて、富子はこの年十一月、最初の息子義尚を産んだ。八月には、義政は東山へ出向いている。おそらく、すでにそこに山荘を建てることを考えていたのではないだろうか。

自分の山荘に「会所」を建てると決めた時、おそらく義政には山荘を取り巻く環境の中で友人たちと歌仙を巻く楽しみのことが頭にあった。会所から見える庭園や山々は、歌を詠むにあたって願ってもない着想を与えてくれるはずだった。頃合いを見はからって供される酒肴は、同じ趣味を持った友人たちが一つの「座」に属しているという感じを強めることになったに違いない。おそらく連歌の会に出席した最も優れた腕の持主でさえ、自分を宗祇や心敬と同等であるとは思っていなかった。会所で行なわれた連歌の記録が一つも残っていない理由は、そこらへんにあるかもしれない。仮りにそこで作られた連歌が専門の連歌師の会のように筆記者によって書き留められたとしても、その記録は大事に保存されることがなかった。おそらく参加者たちは自分が素人であること、親しい仲間と楽しみを共有するために歌を作っている暇な風流人であるという風に考えることを楽しんでいた。彼らは不朽の名歌を作る気など、みじんもなかった。その意味で、この人々は江戸時代の文人のはしりだった。いずれの場合も、もとの着想は中国の文人から出たものである。

お互いの交際を楽しみ、歌を詠んだり、即興ではあるが達者な絵を描いたり、一緒に酒や茶を飲む楽しみを共有するために、義政が誰を会所に招いたかは明らかではない。おそらく客の中には公家や教養ある武家階級はいても、禅僧はいなかったのではないかと思われる。もっとも義政は、別の場所では禅僧と親しい交わりを結んでいた。芳賀幸四郎は、次のように書いている。「禅僧は漢詩聯句は頗《すこぶ》るたしなんだが、連歌に対しては全く無関心で、これをたしなんだ禅僧は確実な史料の上では、管見の及ぶ限りまだ見当らない。従て禅僧が直接に連歌の展開を推進させた跡は見出せない(21)」。

中国文化を崇拝していた義政は、当時の日本のあらゆる教養人に知られていた中国の古典を読んだばかりでなく、あまり馴染みのない中国の書物も注文していた。中国のかなり難解な書物を読むことは、おそらく義政にとっては何でもないことだった。義政にとって漢文は、ヨーロッパの知識人にとって何世紀にもわたってラテン語がそうであったように自分に馴染んだものだったに違いない。ヨーロッパの知識人たちはラテン語で詩を作ったばかりでなく、学術論文も書いた。ヨーロッパのあらゆる教養人は、ラテン語が読めるのが当然とされていた。しかし、いかに日本人が漢詩を作るのに有能であったとしても、自分の国の慣習を完全に捨て去ることはできなかった。私は、たとえば義政が友人たちと連歌を作る際に（中国人のように）椅子に坐っているところを想像することはできない。義政の和歌の題材もまた紛れもなく平安朝の歌人の伝統に則った日本のもので、中国の詩から借りたものはほとんどなかった。義政の和歌は、傑作の域には達していない。しかし、次に挙げる「千鳥」と題された和歌においてそうであるように、その言い回しは義政が日本語の音の調べにいかに敏感であったかを示している。

月残る浦はの波のしののめに
　面かげみえてたつ千鳥かな

(1) 建物の復原図が、『金閣寺・銀閣寺』(日本名建築写真選集一一) 一一八ページに載っている。
(2) 河合正治『足利義政』一五五ページ参照。
(3) 同右一四九ページ。
(4) 森田恭二『足利義政の研究』一二六〜一二七ページ参照。
(5) 横井清『東山文化』一四九〜一五〇ページに、各所から提供された徴発人夫の人数の一部が紹介されている。
(6) 復原図が、やはり前掲書『金閣寺・銀閣寺』一一八ページに載っている。
(7) 森田、前掲書一二七ページ。
(8) 横井、前掲書一四七〜一四八ページ参照。横井は、「死没の日まで、晴向の施設が着想されることはなかった」と指摘している。「晴向の施設」とは、公的な儀礼の場として使われる建物。
(9)　義政は、『金槐和歌集』に入らなかった源実朝の歌五十六首をまとめた編者であった可能性もある。編者は、雅号「柳営亜槐」を使っている。「柳営」は将軍（ないしは幕府）の別名で、「亜槐」は大納言の唐名。義政は宝徳二年（一四五〇）から長禄二年（一四五八）まで、「柳営亜槐」の官職に就いていた。
(10)　森田、前掲書一八七～一八八ページ。
(11)　この和歌は、笹川種郎『東山時代の文化』三六ページに引用されているが、出典は示されていない。
(12)　これには、日本の音でなく中国の音に従って韻を踏むことが含まれていた。また、(日本語には平仄がないにもかかわらず)中国の平仄の規定の型を守らなければならなかった。こうした中国の韻律ならではの特徴に従うにあたって、日本人は書物の助けを借りた。
(13)　芳賀幸四郎『東山文化』四四ページ参照。芳賀は、漢詩文の三つの「ピーク」として次の時期を挙げている。(一)平安時代初期、(二)南北朝から室町時代中期、(三)江戸時代中期、である。しかし芳賀によれば、平安初期の漢文は格調は高いが、内容が空疎。また、江戸中期の漢詩文は生活の実感に根ざしているが、類型性に堕していて和臭が強い。これに対して五山文学は、格調が高いばかりでなく内容も豊かで、「大陸詩人をして驚嘆せしめたほど本格的なものであった」と論じている。
(14)　ドナルド・キーン『日本文学の歴史』第五巻二五七ページからの引用。
(15)　同右二八二ページ参照。
(16)　木藤才蔵、井本農一校注『連歌論集　俳論集』(「日本古典文学大系」六六)一六二～一六三ページ。
(17) 芳賀、前掲書二〇二ページ参照。
(18) 同右二〇五ページ。
(19) 木藤、井本校注、前掲書一一三ページ。
(20) 『蔭涼軒日録』から引いたこの時の描写は、笹川、前掲書六九ページ参照。
(21) 芳賀幸四郎『中世禅林の学問および文学に関する研究』四〇七ページ。禅僧が、会所で和漢連句を作る会に参加した可能性はある。和漢連句(漢和連句とも言う)は、和句と漢句で交互に構成された。和漢連句についてさらに詳しくは、『能勢朝次著作集』第七巻一〇八〜一五四ページ参照。

第八章　花道と築庭と

足利義政の東山山荘は、特に世俗的な野心に興味を失った後に形成された義政の美的概念の実現だった。山荘で義政は自然環境の美と、建物にあふれる芸術の美に取り巻かれていた。(狩野正信の襖絵のように) 義政が注文して描かせた絵画を除いて、義政が蒐集し展示した美術品のほとんどは中国から輸入した絵画や陶磁器だった。東山山荘の部屋から受ける印象は、これまでの御殿建築のそれとはまったく異なったものであったに違いない。

その変化のほどは、平安朝の御殿の部屋と東山山荘の部屋に飾られた美術品の展示の仕方の違いから推量することができる。平安時代の典型的な美術は、絵巻物と障子絵だった。絵巻物は、ふだんは展示してあるわけではなかった。収納されているところから取り出し、所有者がそれを両手で何か平らな表面の上に拡げて見せるのだった。障子絵は部屋を仕切る建具、すなわち襖、屛風、衝立などに描かれていたから、部屋の常設の装飾の一部をなしていた。この種のものはいつも見ることができる反面、季節の変化や何か特別な機会に合わせて簡単に替えるというわけにはいかなかった。

鎌倉時代中期から、たくさんの掛物が中国から輸入された。これらの掛物は、伝統的な日本建築の部屋には飾りにくかった。壁に掛けるにしても、その壁面の空間はあまりに狭すぎた。仮りに壁に空間があったとしても、掛物には絵と周囲の壁との間を仕切るヨーロッパの絵画の額縁のようなものがなくて、壁に対して剝き出しのように見えた。結局、掛物の下に机を置くことが習慣となり、机の上には香炉や花瓶、燭台などの美術品が飾られるようになった。これらの美術品は、絵が掛けられている空間の輪郭をはっきりさせるのに役立った。

絵画や美術品が展示される部屋の内部にその場所を確保するにあたって次に取られた措置は、掛物をかける壁の下に机を据えつけるような形で一種の棚を作ることだった。押板と呼ばれるこの棚は、壁にかけられた絵の空間のいわば基部をなすもので、同時に美術品を置く恰好の場所でもあった。

押板は幅が二〜六メートル、奥行きは約四十センチメートルあった。浅い奥行きに対して不釣り合いに広い横幅は、一般に三幅対の掛物を横に並べて飾る中国の一般の慣習に従うことから来たものだった。つまり、三つの掛物すべての基部をなすに足る広い横幅の押板が必要とされたのである。

この押板は、東山時代になって初めて登場する「床の間」の前身をなすものだった。床の間は押板とはかなり異なる構成を持ち、また絵画や美術品を飾る空間の枠組みとしてさらに効果を発揮する垂直の柱が配されていた。これには、ほっそりした樹幹がよく使われた。やがて床の間は、およそ客をもてなす日本のあらゆる部屋に欠かせない要素となった。中国美術を数多く収蔵していた義政は、さまざまな収蔵品の美を客とともに楽しむために、折に触れて展示する絵や美術品を取り替えたのではないかと思われる。

押板の上によく飾られた中国の陶磁器の中に、花瓶があった。日本人は確かに、かなり昔から花瓶に花を挿していた。すでに七世紀の奈良朝の頃から人々は神仏に花を供えていて、その花は容器のようなものに入れられていた。しかしながら当時の人々は、花を効果的に美しく挿すことが必要だとは考えなかったようである。重要なのは花を供えることであって、その供え方ではなかった。

平安時代、花の美は歌人たちによってよく言及された。しかし歌人たちが詠んだのは主に庭の花々で、花瓶に挿された花ではなかった。鎌倉時代と室町時代初期には、中国から輸入された花瓶が陶磁工芸の傑作として珍重された。しかし、これらの花瓶は必ずしも花を入れるために使われたのではなかった。仮りに花瓶に花が入れられたとしても、美的効果を上げるということにはお構いなく、ただ無造作に挿し込まれたようである。東山時代になるまでは、花を飾る最も効果的で美しい方法について誰も工夫を凝らすということはなかったようだった。(1)

花瓶の中の花が芸術の一形式になり得るということに最初に気づいたのは、足利義政の時代だった。この発見が、花道（華道）芸術を誕生させた。生け花が一つの芸術であるという認定が得られると、人々は早くもその機能について議論し始めた。ある人々は、関心の中心は花であり、花瓶の美しさは付随的なものに過ぎないと主張した。一方で、花は単に花瓶の美しさを高めるためにあるのだと確信する人々もいた。(2) 美しい花だけが生けるのに適しているのか、あるいは粗末な植物や草もまた花瓶に入れるに値するのか、そうしたことについても、いろいろと議論が展開した。

東山殿の部屋を飾ったのは、絵と調和するように考えられた生け花だった。花の色と大きさは、絵にそぐわないということのないように慎重に選ばれた。これは、生け花という新しい芸術の出現にもかかわらず、相変わらず絵画が部屋の一番大事な装飾とみなされていたということを示唆している。我々は、このことを将軍所蔵の中国絵画の数々が記載されている『君台観左右帳記』からも推測することができる。この目録の編纂者とされている能阿弥は、美術の目利きであるばかりでなく、絵の展示の仕方の名手でもあった。しかし能阿弥は、絵と関連して花をどのように生けるかという方法については何も手本を示していない。

おそらく義政の御殿での花の生け方は、「たて花（今日では「立花《りっか》」として知られている）」だったと思われる。宮廷で「たて花」が行なわれた記録として一番古いものは、文明八年（一四七六）三月二十五日にさかのぼる。この日、義政は日野富子と息子義尚を伴って参内した。記録によれば、義政は立阿弥（義政の同朋衆の阿弥仲間の一人）に、何本かの牡丹を「立てる」ように命じた。[3] 立阿弥が「花を立てた」ことについては、その後も『蔭涼軒日録』[4]が頻繁に触れている。立阿弥は今日、花道芸術の初期の名手の一人として誉れが高い。

同じ『蔭涼軒日録』文明十八年二月の項に、相国寺の僧亀泉集証が、薄紅梅一枝、深紅梅一枝、水仙花数茎を義政に献上したことが記されている。献上された花を喜んだ義政は、立阿弥を召して、花を立てさせようとした。立阿弥は病気と称して、出仕しなかった。立阿弥が将軍の命に従おうとしなかったのは、おそらく変わった花の取り合わせによる「たて花」が、果たして将軍の気に入るかどうか恐れる気持があったからではないかと思われる。義政は、諦めなかった。病気にかかわらず立阿弥に出仕するよう厳命を下し、立阿弥が出仕すると花を立てるよう命じた。立阿弥の「たて花」は、たいそう見事な出来栄えを示した。喜んだ義政は、立阿弥に酒を賜った。この時の成功が、立阿弥に初めて華道家としての名声をもたらしたといわれている。しかしおそらく、(他の誰でもなく)立阿弥に花を立てるよう義政が求めたということから見て、立阿弥はすでにこの道の大家として認められていたに違いない。

この話からわかるのは、義政が献上された花をただ無造作に花瓶に挿すだけでは満足しなかったということである。義政は、花を立てる技術が花の自然の美しさを高めると考えていた。[5] 義政が花を献上されることを喜ぶという噂が広まると、義政に気に入られたい者たちは、こぞって大きく束ねた花を義政に献上した。しかし義政は、無造作に束ねられた花々よりも、立花様式の簡潔な風情を好んだ。[6]

立花様式を発明したのは、一般には立阿弥でなく池坊流の流祖といわれる池坊専慶《いけのぼうせんけい》とされている。花の形と色を美しく組み合わせるだけで満足しなかった専慶は、寛正三年（一四六二）、この独特な立花様式を創案した。専慶は自分の立花を、七本の「枝」のそれぞれに象徴される仏教的解釈によって説明した。立花に一つの規範を与えることで、専慶は立花を「道」にまで高めたのだった。もともと単なる遊びに過ぎなかった連歌を始めとする室町時代の芸術が、そこに規範を創り出すことで気品と重要性を備えたのと同じことだった。専慶の革新的な立花の成功によって池坊流は人気を集め、その人気は今日まで続いている。

花を美しく生ける日本人の非凡な能力は、今や世界中で認められている。数多くの外国人（特に女性）が、日本人の師匠の下で熱心にその技術を学び、稽古に打ち込んでいる。いつの日か、自分も腕を上げて伝書をもらうことを願ってのことである。師匠に認められるほど上手に花を生けることは、決して容易なことではない。基本となる原理をなかなか理解できない外国人たちは、花を生ける能力が日本人生得のもので、おそらく日本人でない自分が身につけることは不可能なのではないかと結論づけてしまったりする。しかし、いかにも自然に見えると同時に抽象的な美の世界を思わせる日本人の生け花の技術は、要求の厳しい、時に独断的でさえある原理を懸命に学ぶことによって初めて達成されるものである。「日本人のこころ」と呼ばれる他の多くのものと同じように、生け花は日本の古代の昔からあったわけではなかった。それが始まったのは、十五世紀後半の義政の時代だった。

義政は生け花に喜びを感じたとしても、おそらくそれ以上に庭園に興味を抱いていた。義政はその時々の自分の邸宅、特に東山殿の築庭に精力を傾けた。義政は晩年を東山で過ごすという結論を下すと、その隠居所は自分の趣味に正確に一致して完璧でなければならないと心に決めた。この決意が義政に、自分の行く手を塞ぐ障害を次々と乗り越えさせたのだった。

最初の障害は、義政が自分の隠居所を建てることにした土地の所有権をめぐる紛争だった。そこは、延暦寺の末寺である浄土寺の所有地だった。この由緒ある天台宗の寺の僧たちは、そこに墓地を設けていた。しかし義政は僧たちの抗議に一切耳を傾けることなく、有無を言わさず土地を没収した。延暦寺側は、義政の息子である将軍義尚に訴訟を起こし、次のように訴えた。浄土寺は霊地である、もし義政が単に気晴らしのための山荘を作るためにその墓地を破壊すれば、必ずや仏罰を受けるに違いない、と。義尚は、延暦寺の僧の言い分はもっともだと思った。しかし、次のように応えた。父義政は老体である、余命いくばくもない、父の死後は円満に取りはからうによって、しばらく辛抱して待つように、と（当時義政は四十六歳で、さらに八年を生きた）。

この土地を山荘の用地にすれば非難を巻き起こすことを承知の上で、義政があくまでここにこだわったのは、平地と近隣の山々との組み合わせが（東山一帯の他の土地と違って）築庭に理想的だったからだった。[7]

芳賀幸四郎は、その記念碑的な著作『東山文化の研究』の中で義政について書いている。

「とりわけ彼の全生涯を通じて一貫し、その趣味生活の枢軸たる位置をしめたのは実に庭園であつた」と。[8] 築庭に向けられた義政の情熱は、すでに彼の命令で洛中に建築された御殿の庭園におのずと形となって現れていた。しかし、庭園の創案者として義政が最高の出来栄えを見せたのは、東山山荘の庭だった。築庭に対する義政の意気込みは、造園術が世間一般の関心の対象となった時期と軌を一にしていて、この関心を盛り上げる力強い刺戟となった。義政は自分の屋敷の築庭を指図したばかりでなく、外出の際によその庭園を訪れた時など進んで改良のための助言を与えたものだった。

もちろん庭園は、すでに日本では長い歴史を持っていた。それは、『源氏物語』などの宮廷の物語を読めばわかる。そこでは、庭を見渡す部屋に住む女人の好みによって、春や秋の植物が植えられたのだった。庭は美的な喜びを与えてくれると同時に、宗教的な悟りを与えてくれるものと信じられていた。平安朝の庭の宗教的背景となっていたのは、一般に浄土教的世界観だった。それは特に、花々を始めとしてこの世のありとあらゆる美の果敢なさに体現される「もののあはれ」を基調としていた。[9]

しかし鎌倉時代末期から、禅宗の文化的影響力が築庭に顕著に見られるようになった。夢窓疎石のような高名な禅僧は、庭園が座禅のための着想に役立つと信じていた。当時の禅寺に造られた枯山水の庭は、まさにそうだった。これらの庭には花がほとんどないか、まったくなかった。おそらく、見る者が束の間の美に気を散らされないように配慮されていたのではないかと思われる。このような庭の形で表現された象徴的な幽玄の美は、それを眺める者の精神をより高い理解の領域へと引き上げることが意図されていた。

遠方から新しい庭園の所定の場所に岩を運んだり、樹木を植えたりする実際の作庭の仕事は、当然のことながら義政と懇意な友人仲間がやったわけではなかった。それは、社会の最下層の人間である「河原者」の仕事だった。河原者は社会のために必要な数多くの務めを果たしていたが、極端に差別されていた。少なくとも一つには家畜の解体処理に関わっていたからで、仏教徒にとってこれは忌まわしい職業だった。武将たちは革縅《かわおどし》の鎧を着て自分の身を守っていたにもかかわらず、動物を殺してその皮で鎧を作る河原者に対して、軽蔑ないしは憎悪しか抱いていなかった。河原者は他の人びとと同じ場所に住むことは許されず、京都の賀茂の河原のような誰も住まない場所に小屋を建てることしかできなかった。

作庭工事に最初に参加した河原者たちは、おそらく庭の設計を担当した禅僧たちの指示に従って木石運びなど肉体労働だけをしていた。しかし、こうした労役に長時間携わった結果、おのずと作庭技術の実際的な知識を身につけることになった。ついには彼らの作庭技術が、禅僧や将軍自身によって認められるようになったのだった。(10)

河原者は、義政の庇護を自覚するようになった。庭園用の樹木を手に入れるために、義政が奈良の興福寺の末寺である一乗院に河原者の庭師の一団を送り込んだ時、僧たちは大いに腹を立てた。まるで庭が自分たちのものであるかのように、社会の最下層の人間が我がもの顔に動き回っていることに我慢がならなかったのである。また、ただ単に河原者が義政の命令で遣わされたという理由だけで、僧たちは彼らに食事や飲物や金を与えなければならないのが腹に据えかねた。僧たちは、義政には望む樹木を与えるほかないと観念した。しかし、河原者に樹木を検分させることは断じて許すまいと思った。僧たちは、河原者の宿所を襲うことにした。河原者は、京都に逃げ帰らざるを得なかった。

義政は、僧たちの反抗的な態度に激怒した。報復の措置として、幕府に命じて彼らの領地を没収しようとした。驚いた一乗院院主は、太政大臣近衛政家（一四四四―一五〇五）に謝罪の仲立ちを依頼した。政家は伊勢貞宗に使いを出し、和解の斡旋に乗り出すよう頼んだ。義政は、寺の謝罪を受け入れた。[11] 河原者は再び奈良に下向し、今度は邪魔されることなく一乗院の庭を思う存分検分した。

義政は河原者の庭師の中でも、文明十四年（一四八二）にかなりの高齢で死んだ善阿弥を最も信頼していた。善阿弥は、日本人の大半から蔑視される階級に属していた。しかし、義政はこのような偏見から自由だったようである。たとえば、善阿弥が長禄四年（一四六〇）に重病にかかった時、心配した義政は高僧季瓊真蘂に命じて、善阿弥のために特別な薬を用意させた。また毎日、善阿弥の病状について知らせるよう言い含めた。義政はあまりにも善阿弥を高く買っていたため、もし善阿弥が死んだら自分の趣味に従って作庭できる者がいなくなるのではないかと恐れたようだった。[12] 幸いにも、善阿弥は恢復した。しかし『蔭涼軒日録』には、その後も義政が善阿弥の健康をしきりと心配している様子が語られている。

善阿弥が病気に襲われるたびに義政は薬を送ったばかりか、その恢復を祈願させた。季瓊真蘂は、素性の卑しい者に義政が破格の厚遇を与えたことに対して不平を述べた。しかし義政は、これを無視した。義政が善阿弥に示した手厚い庇護は、おそらく善阿弥を高齢まで生きさせた一因であったに違いない。もっとも、善阿弥の長寿は生まれながらの頑健強靭な体質によるものであったかもしれない。(13)

義政はまた、善阿弥が何か新しい仕事で特に自分を喜ばせたような時には気前よく褒美を与えた。『蔭凉軒日録』の長禄四年十二月の項は、築庭者としての功績が認められて善阿弥に五千疋という過分な褒美が与えられたことを述べている。(14)

義政はある時期、季瓊真蘂のいう「河原善阿弥」と能楽師の音阿弥とを合わせて称賛し、両人が老いてますます健在であることを祝福している。(15)父義教の寵愛した能楽師の音阿弥と、ただの河原者とを並び賞したということは、義政が善阿弥をいかに高く評価していたかということを物語っている。

芳賀幸四郎は、善阿弥の身分の低さを一向に気にしない義政の態度を、同じように身分の低い僧の正徹を義政が抜擢したことになぞらえている。『源氏物語』の講釈を聴聞するに際して、義政は伝統的にその務めを果たす家柄である飛鳥井家を差し置いて、東福寺の一介の僧にすぎない正徹を選んだ。低い身分であるにもかかわらず、正徹の異例の文学的才能を見抜いたのだった。さらに義政は自分の御殿を飾る絵を描かせるにあたって、伝統的な宮廷絵師の家柄である土佐家を無視し、代わりに小栗宗湛を選んでお抱え絵師に指名した。また同じく狩野正信を抜擢して、東山山荘の襖絵を描かせた。芳賀は、これらの人選を義政の「芸術至上主義」から出たものと解釈している(16)。義政は、一芸に秀でた者を喜んで贔屓にした。

善阿弥の作った庭が、他のどの庭よりも優れていると義政に思わせたものが何かということを見極めることは難しい。季瓊真蘂は、相国寺山内の睡隠軒の庭について次のように言っている。

小岳《しょうがく》を築《つ》くを見る。善阿の築く所、その遠近峯礀《ほうかん》、尤も奇絶たるなり。これに対するに飽かず。忽然《こつねん》として帰路を忘るなり(17)。

季瓊真蘂は、また次のような評言を記している。

彼者《かのもの》(善阿弥)山を築き水を引くの妙手、比倫《ひりん》無し。仍《よっ》て賞心、他に倍するか(18)。

山を為し、樹を植え、石を排するに天下第一なり(19)。

興味をそそるこれらの寸評は、善阿弥が庭の着想を得るにあたって、大いに盆石の手法に倣ったことを示唆しているかもしれない。すなわちこれは、限られた空間に自然の山や川の広範囲にわたる景色の幻想を生み出す手法だった。その趣旨は義政が能、建築、生け花などの芸術において称賛した暗示の力に一致する。それは究極的には、禅の美学に対する義政の傾倒に由来するものであったかもしれない。

文明十四年、まさに東山山荘で仕事が始まろうとしていた矢先の善阿弥の死は、義政から最も信頼するに足る庭師を奪ったことになった。善阿弥は、これまでに相国寺蔭凉軒の庭を作り、「花の御所」の泉殿の作庭、また高倉御殿の泉水普請、応仁の乱の時に避難していた奈良興福寺の大乗院の作庭等を手がけてきた[20]。これらの作庭に際して、善阿弥に支払われた謝礼は高額なものだった[21]。しかし善阿弥の顧客たち（将軍と主要な禅寺）は、その謝礼の額に値するだけのものを受け取ったことを疑わなかった。

善阿弥死後の問題は、誰が彼の後を継ぐかということだった。善阿弥が極めて高齢だったことを思えば、必ずや義政は後を継ぐべき最適任者について日頃から考えていたに違いない。誰が選ばれるにせよ、その仕事――東山山荘の築庭を設計し監督すること――は人を尻込みさせるに足るものだった。東山山荘は、義政の美学的信念のすべてが具体化され、有終の美を飾る舞台にほかならなかった。善阿弥の後継者として、実際に誰が選ばれたかは明らかではない。長い間にわたって、山荘の庭園の作者は義政の同朋衆の中で最も傑出した相阿弥であると信じられてきた。しかしこの説は、相阿弥が庭に特別な関心を示した形跡がないという理由だけですでに斥けられている。[22]

善阿弥の息子の小四郎と孫の又四郎は、おそらく善阿弥の後を継ぐ最適任者だった。[23]二人とも善阿弥と一緒に仕事をしたことがあるし、又四郎は特別な才能を示していた。おそらく造園の最大の功績は、善阿弥の後継者である又四郎に帰するのではないかと思われる。[24]しかし、そのことを確信する十分な証拠はない。

芳賀幸四郎は東山山荘の庭園の作者について、その功績に値する者たちに関する証拠を吟味した後、次のように結論づけている。禅僧や河原者の庭師、義政の側近たちの協力があったことはもちろんだが、それを統率して守護神としての役割を果たした義政自身こそ、その主たる作者だった、と。[25]義政は確かに庭園に関しては強い好みを持っていたし、その設計のあらゆる面で意見を述べている。しかし義政は、おそらく庭を作るにあたっての実際的な知識――たとえば山や流れる川の幻想を創り出すために岩や樹木を配置する方法など――には精通していなかったと思われる。

東山山荘の庭園は、すでに実質的には消え失せてしまっている。しかし、おそらく現在の銀閣寺の庭園の幾つかの要素（たとえば池や砂の庭）は、当時の庭の原形をとどめているのではないかと思われる。(高倉御殿の庭と同じように) 東山山荘の庭は、その構想において夢窓国師が設計した西芳寺の庭に多くを負っている。西芳寺の庭は池と浮島が中心的要素を成しているが、東山丘陵の素晴らしい背景は銀閣寺に独自の性格を与えた。

銀閣寺の建物については、その庭よりもはるかによく現代の学者の研究がなされているが、おそらく義政にとってはその両方が等しく重要だった。二階建ての銀閣は、もともと何か特に宗教的な使用を意図したものではなかった。その主たる機能は、そこから庭を見おろした時に恰好の眺望を与えてくれることにあった。そのこと自体が、宗教的体験だったと言っていい。

室町時代は、日本庭園の黄金期だった。もともとは禅僧たちが庭園を重視したために、さまざまな寺に見事な庭園が出来たわけだった。しかし、その中でも最も美しい庭園の幾つかを創造させるにいたったのは、庭園に対する義政の愛着だった。十六世紀の戦国時代を生き延びた庭園は、ごくわずかしかない。この時期の最も有名な二つの庭園は、たまたま今日もなお見ることができるという理由だけでそうなったのかもしれないが、竜安寺と大徳寺大仙院の庭である。いずれも砂と石の枯山水で、おそらく石のまわりについた苔以外は植物がないこの二つの庭は、他の日本庭園に一般に見られる自然への愛着と矛盾しているように見える。これらの庭の着想が中国のもので、禅僧たちによって日本に取り入れられたものであることはほぼ間違いない。芳賀幸四郎は水のない庭を意味する「枯山水」という言葉が、もともとは中国の庭を意味する「唐山水」であったことを示唆している(26)。この音の転訛は、水や植物のない庭の概念が確立された時に自然に起こったものかもしれないし、あるいは「唐」から「枯」への移行は意図的なものであったとも考えられる。

水のない庭園に中国の影響は明らかだが、おそらく日本の庭園に対する中国の最大の影響は水墨山水画から来たのではないかと思われる。日本の枯山水の庭は、より伝統的な日本庭園に見られる理想化された自然の表現ではなくてむしろ、禅寺の庭が象徴的な効果をねらったその傾向が極端な形となって現れたものだった。銀閣寺の砂の庭は枯山水に対する禅の嗜好と、同じように強い自然の流水に対する愛着を調和させる試みであったかもしれない。

義政の時代の庭園が、かくもわずかしか残っていないということは残念なことである。しかし、これらの庭には数多くの「子孫」がいて、それが日本全国いたるところに散在しているということもまた事実である。

(1) 山根有三『花道史研究』二七ページ参照。
(2) 同右二九〜三〇ページ。
(3) 河合正治『足利義政』一七五〜一七六ページ。
(4) 相国寺の末寺である鹿苑院の中にある庵「蔭凉軒」の庵主の日記。初期の頃は、季瓊真蘂が書いた。しかし、この引用部分の出典である文明十六年(一四八四)から明応二年(一四九三)の日記は、亀泉集証が書いた。
(5) 山根、前掲書一六ページ。
(6) 河合、前掲書一七五ページ参照。

（7）吉永義信『日本の庭園』一六一ページ。
（8）芳賀幸四郎『東山文化の研究』六三九ページ。
（9）同右六四〇ページ。
（10）永享八年（一四三六）、足利義教によって庭師としての才能を認められた河原者虎菊については、芳賀、前掲書六四一ページ参照。
（11）吉永、前掲書一六八ページ。
（12）芳賀、前掲書六四一ページ。
（13）同右六四二ページ。
（14）同右六四二ページ。
（15）同右六四三ページ。一部の学者は、能楽の創設者である観阿弥と世阿弥もまた、他の芸人と同じく河原者だったと考えている。
（16）同右六四六ページ。
（17）横井清『東山文化』一七九ページに引用されている。
（18）同右一八〇ページ。
（19）芳賀、前掲書六四四ページ。
（20）横井、前掲書一七八〜一七九ページ。
（21）同右一七九ページ。文明三年（一四七一）、興福寺中院での作庭に際して、善阿弥は毎日の報酬三十疋、引物（引出物）二千疋を受け取っている。十一人の助手はそれぞれ毎日二十疋、引物惣中五百疋を受け取っていた。一疋は貨幣の単位で、時代によって銅銭十文から二十五文に相当した。

(22) 昭和十五年（一九四〇）、山荘の庭園の作者は益之宗箴である、という新説が出された。宗箴は、季瓊真蘂や亀泉集証と同じく相国寺蔭涼軒の軒主だった。しかし芳賀幸四郎は、この説に説得力ある反駁を加えている。芳賀、前掲書六六三ページ参照。
(23) 今一人の河原者の庭師である左近四郎は、二代目善阿弥に比肩する存在として知られていた。しかし彼の活動については、亀泉集証の庭を設計したということ以外はほとんど記録がない。
(24) 吉永、前掲書一八七ページ参照。
(25) 芳賀、前掲書六八〇〜六八一ページ。
(26) 同右六八五ページ。

第九章　茶の湯の誕生

足利義政といえば、庭園や生け花の世界を一新させたという事実が、まず頭に浮かぶ。しかし他の芸術に対する義政の優れた批評眼もまた、個々の芸術の保護育成の双方に役立った。これらの芸術の中で茶の湯ほどよく知られているものはなくて、おそらくこれはあらゆる伝統芸術の中で最も日本的なものである。日本人は義政の時代以前にも、よく茶を飲んだ。しかし義政が親しい仲間と茶を飲み、自ら茶をたてた四畳半の座敷は、当時のみならず後世にいたるまで多くの日本人が見習うべき手本となった。義政は、単なる優雅な気晴らしに過ぎなかったものに将軍家のお墨付きを与え、儀式化された茶道へと発展させる道を開いたのだった。それが、ついには偉大な千利休《せんのりきゅう》の「侘茶」となって大成した。

人が茶を飲み始めたのは、少なくとも二千年前にさかのぼる。普通は低木に過ぎないが、時には二十メートル以上にも達する茶樹は、中国南西部の雲南原産であったようである。茶の葉は当初は、食料に不足している人々が滋養のために摂取していたものであったかもしれない。茶の葉は、今でもタイ北部や東南アジアの一部で、たとえば酢漬けや塩漬けの形で食されている。食べるにせよ、（世界中で今や普通の形になっている）飲むにせよ、茶の葉には薬効があると信じられていた。人々は長年にわたって、その香りや心身を爽快にする効果のためではなくて、薬として茶を飲んだのだった。当初は、茶の生葉を煮沸し、その汁を飲んだ。しかし葉を煎り、あるいは発酵させ、あるいは碾《ひ》いて粉にすることで味がよくなることがわかった。

喫茶の習慣は雲南から四川へ、そしてついには中国全土に拡がった。もっぱら薬として飲まれ続けたが、伝説によれば五二〇年頃に中国に禅仏教を導入した達磨大師が茶を勧めた理由は、それが長い宗教的儀式の間、眠らずにいるのに役立つからだった。七世紀までに喫茶の習慣は中国人の日常生活の一部となり、八世紀にはもっぱら茶のこと――茶の起源、作り方、飲み方、使われる道具、等々――だけを書いた最初の書物が現れた。この『茶経』という書物は陸羽《りくう》によって書かれ、陸羽の生没年は七二七年から八〇四年と推測されている[1]。岡倉天心の有名な『茶の本』の原題“The Book of Tea”は、陸羽の『茶経』から取ったものである。岡倉は陸羽の書の題を英訳することで、その名を広めたのだった。

陸羽にとって茶の主たる価値は、（これまでの人々にとってそうであったように）薬効があることだった。陸羽は、茶を飲むことによって治療できる病気の症状を列挙した。しかし、茶の薬効に対する情熱のあまり、陸羽は四、五杯の茶を飲むことによってもたらされる快適な効果について書くことを忘れたわけではなかった。その味は醍醐や甘露の味に匹敵する、と陸羽は言っている。この二つの飲物は、古代からその素晴らしい味で知られていた。(2)

茶が最初に中国から日本に導入されたのは、大陸の優れた文化の広範囲にわたる受容の一部としてだった。日本の史料に茶のことが最初にはっきりと書かれているのは、六国史の一つである『日本後紀』の弘仁六年（八一五）四月二十二日の項である。嵯峨《さが》天皇が琵琶湖畔の近江国滋賀韓埼《からさき》に行幸した時のことを記したこの項は、次のように語っている。

天皇の輿が崇福寺に到着すると、天皇はそこで輿を降り、堂にのぼり、仏に礼拝した。次に天皇は梵釈寺に行き、そこで輿を止め、漢詩を賦し、天皇に随行する者たちもこれに和した。ここで大僧都永忠が、手ずから茶を煎じ、天皇に献じた、というのである。(3)

永忠は、宝亀六年（七七五）前後から延暦二十四年（八〇五）までの三十年間を中国で過ごした。これはちょうど陸羽が『茶経』を書いていた頃にあたる。もっとも、この二人が互いに知り合いだったという証拠は何もない。中国で茶の味を覚えた永忠は、日本に戻る時に茶を持ち帰った。永忠が入れた茶を飲んで二ヵ月後、中国をほとんど崇拝していたといっていい嵯峨天皇は、畿内および近国に茶樹を植えさせた。それ以来毎年、天皇は茶を献上するよう命じている。内裏の中にも、茶園が置かれたという。(4)

嵯峨天皇の後継者である淳和《じゅんな》天皇の治世に編纂された漢詩文集『経国集』に、茶のことが出てくる。しかし、やがて中国文化に対する反撥が起き、遣唐使が菅原道真《すがわらのみちざね》の勧告で廃止された頃から、茶に対する関心も薄れていった。嵯峨天皇の治世に幸先よく喫茶の習慣が始まったにもかかわらず、この習慣は約三百年間、人気が途絶えた。しかし喫茶の習慣は日本人の生活から、まったく姿を消したわけではなかった。熊倉功夫は、日本で茶の人気がなくなったことを、乳製品を飲む習慣が途絶えたことと関連づけている。九世紀の日本の記録の中には、茶だけでなく乳製品を飲むことに関する言及が数多く見られる。インドや中央アジアで広く行なわれている、乳製品で茶を薄める習慣は、おそらく日本にもあった。しかし、乳製品を飲むことについての言及は、次第に日本の記録から消えていった。乳製品が再び日本で飲まれるようになったのは、江戸時代になってからのことである。(5) 乳製品の人気が失われたことの理由については、それが日本人の嗜好に合わなかったからだという曖昧な一般論以外には何も与えられていない。

理由はともあれ、茶は乳製品よりも日本人に合ったのだった。茶に対する関心の復活は、僧の栄西《ようさい》(「えいさい」ともいわれる)がこの飲物を再び導入するまで数世紀待たなければならなかった。栄西が中国から日本に持ち帰った茶は、それ以前に日本に持ち込まれた種類の茶と異なっていた。それは発酵させたものではなかったが、新鮮な香りを保っていた。日本人は以前に飲んでいた茶よりも、この新しい種類の茶を好んだ。そのため栄西は、日本における喫茶伝説の偉人の一人に列せられている。

栄西は、保延七年(一一四一)に生まれた。十四歳で比叡山に登り、得度して天台僧となった。特に栄西が熱中したのは、台密（天台宗に伝えられた密教）の教義だった。これは、中国で修行した円仁《えんにん》（七九四―八六四）が確立した難解な仏教の一形態だった（円仁は中国での経験を、実に興味深い日記『入唐求法巡礼行記《にっとうぐほう》』に記している）。その教義の一つは、即身成仏して悟りの境地を開くにあたっては無限の方法があるとしている。たとえば学問のない者にとっては、阿弥陀仏の名を唱えるだけで救いが得られるのだった。また宮廷の人々にとっては、美的感覚の洗練が同じく救いに通じた。僧侶にとっては二つの曼陀羅を学び、難解な密教の伝授を受けることが最もふさわしいとされた。しかし、すべての方法が妥当であり、救いを得るにあたって効果があるとされたのである。

日本で学びながら、なお飽き足りないものを感じた栄西は、さらに修行を積むために中国へ行かなければならないと決意した。仁安三年（一一六八）、二十七歳の栄西は博多から寧波《ニンポー》に向けて船出した。寧波は、何世紀にもわたって遣唐使が上陸する際に使った港だった。最初の訪問で、栄西が中国に滞在したのは六ヵ月だけだった。滞在中、おそらく何度も茶に親しんだと思われるが、栄西は日本に帰る時に茶樹も茶の種も持ち帰らなかった。

栄西の二度目の中国訪問は、文治三年（一一八七）である。栄西は当初、仏陀にゆかりのある歴史的な土地を訪ねようと、中国を越えてはるばる天竺（インド）まで旅するつもりだった。しかし、往還の無事が保証できないという中国官吏の強い制止にあって断念した。栄西は、天台仏教の聖山である天台山に登ることで満足しなければならなかった。日本に戻る一年前の建久二年（一一九二）、栄西は天台山の菩提樹の苗木と一緒に茶樹の苗木を日本に送った。(6) まず筑前国背振山に植えられた茶樹は、よく育った。十数年後、その幾株かが京都近郊の栂尾《とがのお》の明恵《みょうえ》上人に贈られ、そこでもよく生育した。

栄西は、『喫茶養生記』の著者として最もよく知られている。この書物の第一稿は、承元五年（一二一一）に書かれた。三年後、栄西はその第二稿である再治本を、若き将軍 源 実朝《みなもとのさねとも》に献上した。『吾妻鏡』によれば、実朝が前夜に飲みすぎて二日酔いになったとき、栄西に遣いを出し、加持祈禱を頼んだ。中国風の合理主義者だった栄西は、祈禱の代わりに実朝に茶を飲むことを勧めた。二日酔いを治すには祈禱よりはるかに効果がある、と。『喫茶養生記』の序文は、次のように始まっている。

そもそも茶というものは、末世における養生の仙薬であり、人の寿命を延ばす妙術である。その茶の木が生える山谷は神秘霊妙な土地であり、その茶を摂取する人は長命なのである。ところで茶は、印度でも中国でも尊重されているし、かつてはわが日本でも嗜愛されたことがあつた。このように昔から日本でも外国でも、茶を貴んできたのであるから、今さらこれを用いないですますことが出来ようか。（中略）

よくよく考えてみるに、天が万物を創造した時、最も重視したのは、人を造ることであつた。だからまた人にとつて最も賢明なことは、一生を健康にして、天から授けられた生命を大切に守ることである。人が一生を健康におくる、その根源は養生することにある。ここに養生の術計についていえば、それは五臓（肝臓・心臓・脾臓・肺臓・腎臓）を健全に維持することである。五臓の中では心臓が一番大事なものであろう。（中略）

一体、心臓は五臓のうちで君主にたとえられる。そして茶のもつ味はすべてのものの中で最上位である。いいかえれば、苦味は諸味の最上位なのである。よつてすべての最上位というこことにおいて、心臓は茶のもつ苦味を好むのである。従つてまたこの苦味を摂ることによつて心臓を健全にすれば、その臣下にあたるその他の内臓をも安全にすることが出来る。(7)

栄西は、このような形で茶の医薬としての価値を説いたのだった。飲むにあたっての茶の葉の正しいいれ方について、栄西は詳細に注意を与えている。その手順は、日本で今日緑茶が飲まれる方法と驚くほどよく似ている。栄西は、茶は濃くあるべきだと考えていた。また、茶は飲みたい時にいつ飲んでも差し支えないが、今日と同じように食後が最適であると考えた。しかしながら栄西は、茶を飲む楽しみについてはまったくといっていいほど注意を払っていない。

茶樹の栽培は、栄西が実朝に『喫茶養生記』を献上して以後、着実に広まっていった。茶は奈良興福寺周辺に植えられ、特に西大寺では非常に大きな茶碗を使った「大茶盛」と呼ばれる独特な茶会が行なわれるようになり、それは今日まで続いている。次第に茶の人気の性格は、医薬としての価値よりむしろ飲物としてそれが与える喜びの方へと移っていった。上等な茶の味がわかる能力は、日本のあらゆる芸術に共通する鑑定眼を特徴づける特殊な知識のようなものになっていった。茶の優劣を識別する能力は、やがて茶の種類そのものを飲み分ける腕を競う試験、言ってみれば今日行なわれているワインの「目隠し味見テスト」のようなものへと道を開いた。これが次には、特別な茶の種類を飲み当てる専門家の舌に金を賭ける遊びへと発展した。喫茶にまつわる賭博や博打は、連歌の技に賭ける遊びと同じくたちまち流行した。後醍醐天皇の政権を倒した足利尊氏が延元元年（一三三六）に公布した「建武式目」の中に、「一、群飲佚遊《いつゆう》を制せらるべき事（集団で飲み、気ままに遊ぶことを規制すべき事）」という条項がある。

格条のごとくんば、厳制殊に重し、剰《あまつさ》え好女之色にふけり、博奕之業に及ぶ、此の外又、或いは茶寄合と号し、或いは連歌会と称し、莫大の賭に及ぶ、其費えあげてかぞえがたき者か。(8)

法令にあるように、これは厳しく取り締まるべきである。女遊びや博打も、これに倣うものである。さらに茶寄合、連歌会などと称して莫大な賭け事が行なわれているが、その浪費たるや計り知れないものがある。

将軍足利義満の時代には、派手で珍奇な「婆沙羅《ばさら》」趣味が流行した。婆沙羅趣味に染まった大名の中でも佐々木導誉《ささきどうよ》は、とりわけ贅沢な茶会で知られた。茶会の部屋は豹や虎の皮など中国から舶載された唐物で飾られ、そこで大がかりな賭け事が行なわれ、勝者には高価な景品が与えられた。(9) 当時の茶会について書かれた史料は、贅を尽くした部屋の飾りつけ、手の込んだ茶会の手順を記している。こうした華やいだ茶会は、十五、六世紀に発展した地味な茶会とはほど遠いものに思えるかもしれない。しかし、十四世紀末に編纂された『喫茶往来』から明らかなように、千利休の侘茶に発見できるあらゆる要素は、すでにこの時代の茶会にあった。(10)

茶の湯の生まれる発展段階の一つとして、次のような変化があった。これまでは贅を尽くして飾りたてた部屋で、茶の味を飲み当てる闘茶や他の遊び(11)の合間に酒肴の饗宴が行なわれた。それが一転して、今度はほとんど飾り気のない地味で小さな部屋を使うようになった。そこでは主人と数名の友人が共に茶を飲むことを楽しみ、静かに語らい合うのだった。典型的な茶室は、書院造の建物の中にあった。部屋の内装としては、美術品が飾られる押板があり、書物が置かれる違い棚があった。地味だが上品な部屋は、茶を飲む者に一種威厳ある振舞を強要した。これが、おそらく侘茶で重要となる茶礼の始まりだった。茶の準備をする主人の身のこなしは、もともとは当意即妙の気楽な感じのものだったかもしれない。それが次第に様式化され、いわば技巧を隠した技巧として美化されたのだった。主人の言葉や動作に対する客の応答にも、敬意と親密さの両方を伝えるための型が生まれた。

「茶湯」という用語は、すでに奈良興福寺の僧の日記『経覚《きょうがく》私要抄』の文明元年（一四六九）五月の項に見ることができる。(12) ここにいたって我々は、将軍足利義政の時代と、未来の「茶湯」の手本となった銀閣寺東求堂の茶室にたどり着く。茶道を創り出した功績は、能阿弥に帰されることが多い。能阿弥は第一に中国絵画の専門家で、また（宗祇の弟子の「七賢」の一人として）練達な連歌師でもあり、絵師であり、書家であり、香の調合の名手でもあった。これらの腕前に加えて、能阿弥はおそらく専門の鑑定家として欠くことのできない中国美術の個人収蔵品を持っていた。

千利休の茶の高弟である山上宗二《やまのうえそうじ》（一五四四―九〇）に、利休の茶道を伝える最も信憑性の高い史料とされる『山上宗二記』がある。その中で宗二は、能阿弥が最初に義政に茶の湯の興味を抱かせた時のことを次のように語っている。

慈照院殿（義政）ハ東山ニ御隠居ニテ、四時トモニ昼夜御遊興アリシニ、比《ころ》ハ秋ノ末、月待宵ノ虫ノ音モ物アハレナル折節、能阿弥ヲ召テ、源氏物語雨夜ノ品サダメ抔《など》読セ、謌連哥《うたれんが》、月見、花見、鞠、小弓、扇合、草尽、虫尽、サマと興ヲ催、来方事《こしかたのこと》ドモ御物語アリシ時、慈照院殿被仰出《おおせいだされ》、昔ヨリ有来《ありきたりの》遊興モ早《はや》事尽ヌ、漸《ようやく》冬モ近クナリヌ、雪ノ山ヲ分テ鷹狩リモ老身ニ不似合《にあわず》、何カ珍敷《めずらしき》御遊在ベキト御諚アリシニ……。

慈照院殿は東山に隠居し、春夏秋冬を通じて昼夜遊興にふけっていたが、秋の末の月待宵の虫の音がたいへん風情を感じさせる折に、能阿弥を召し出して、『源氏物語』帚木の巻の「雨夜の品さだめ」などを読ませたり、和歌、連歌、月見、花見、鞠、小弓、扇合わせ、草尽くし、虫尽くしなどで無聊を慰め、四方山話に興じていた。慈照院殿が言うには、ありきたりの遊興も種が尽きてしまい、そろそろ冬も近づいてきたが、雪の山を分け入っての鷹狩りも老身には似合わない。なにか、珍しい遊びごとはないものか……。

能阿弥は、三十年間にわたって茶の湯に打ち込んできた奈良称名寺に住む村田珠光《じゅこう》（一四二三—一五〇二）のことを義政に話した。珠光は、孔子の道も学んでいた。能阿弥はさらに、茶の湯の秘伝を含めて自分が珠光から学んだことを、すべて義政に言上した。もちろん、小壺、大壺、花入、香炉、香合、絵、墨蹟など古美術に対する義政の好みは見事なものだったが、これらすべてを組み合わせた茶の湯にまさるものではなかった。さらに、禅僧の墨蹟は特に茶の湯で重要だった。珠光は一休から圜悟《えんご》禅師の墨蹟を得て、仏法もまた茶の中にある証拠としてこれを自分の茶の湯を高めるために使った。能阿弥の推挙により義政は珠光を召し出し、自分の茶の湯の師匠と定めた、という。(13)

桑田忠親は、この話の信憑性に疑惑を抱いた。桑田は、義政が東山山荘に移る以前に茶の湯を知らなかったことなどあり得ないと考え、実際には少なくとも十五年前から茶の湯を実践していたという証拠を発見している。そこには、文明二年（一四七〇）に義政に仕えた「茶湯奉行木阿弥」という人物への言及もあった。(14)『山上宗二記』は珠光流の茶道秘伝書の一つである。そのため、宗二は義政が珠光によって茶の湯に目覚めたという話を創作したのではないか、と桑田は推測する。つまり、珠光流茶道を宣伝する（そして、東山流茶道の重要性を軽視する）ため、宗二は（能阿弥でなく）珠光が義政の茶道指南だったことを主張したのだった。[15] 桑田の確信するところによれば、能阿弥こそが義政の茶の湯の師匠であり、茶道の創設者としての功績に値するということになる。

だからと言って、茶道の発展における村田珠光の重要性を否定する理由は何もない。その弟子で連歌師でもあった小名の古市澄胤《ふるいちちょういん》（一四五二―一五〇八）に宛てた短い書簡のほかは、珠光についてはほとんど知られていない。この手紙はわかりにくいものであるが、珠光が「和漢の境地を融和させる」必要性を強調しているのは記憶に残る。[16]

日本的なものについて話すとき、珠光は「冷えた」「枯れた」「痩せた」のような言葉を使った。いずれも、最高の連歌の望ましい特徴を示す連歌批評の語彙から借りたものである。これらの言葉は、むしろ好ましくない意味で使われることの方が多かったが、心敬の連歌批評の特徴をなすものである。心敬は、自分の連歌で具象的に表現しようとする特徴を説明するために、「冷え氷りたる」とか、「枯かしけて寒かれ」とか、「冷え痩せ」というような表現を使った。[17]

連歌と茶の湯の理想の近さは、両者が並行して発展してきたことを暗示している。連歌は当初、茶の湯と同様に機知を問う試験のようなものとして始まった。しかし、心敬によって連歌は異なる次元を得たのだった。心敬は、素人の連歌詠みに対して軽蔑以外のなにものも持っていなかった。中国やヨーロッパにも共通する考え方、すなわち偉大な詩歌は田舎者にも理解できるものでなければならないという意見について尋ねられた時、心敬は次のように応えている。

いづれの道も、心ざし浅くさかひに入らぬ人の、知るべきにあらず。不堪無智の輩も、親句・平懐体などはさもこそ侍らめ。けだかう幽遠の心をば、おぼろげの人の、悟り知るべきにや侍らざらむ(18)。

その名に値するどのような芸術も、その道を究めていない志の浅い人には理解できない。芸能に堪能でない無智な者たちでも、上句と下句の関係が密接でわかりやすいものや、平凡な句はおもしろいと思うかもしれない。しかし気高く奥の深い句の心が、通り一遍の人に理解できるなど思いもよらないことである。

このような高尚な（そしてかなり高慢な）意見を持つ人物が、連歌を取り巻く快活な雰囲気や、鮮やかな色彩に対する一般的な好みに迎合しないであろうことは想像がつく。だからこそ心敬は、自分の理想を「枯かしけて寒かれ」のような言葉に見つけたのかもしれない。天正十六年（一五八八）に山上宗二は、心敬について次のように書いている。

心敬法師連歌ノ語曰、連歌ハ枯カシケテ寒カレト云、茶湯ノ果モ其如ク成タキト紹鷗《じょうおう》常ニ云(19)ト。

心敬法師は連歌について語った中で、「連歌は枯れ衰えて、冷えびえしているのがよい」と言っている。茶の湯の行き着くところもそうあるべきだ、と武野紹鷗は常に言っていた。

古市澄胤に宛てた珠光の書簡は凝縮された文章でわかりにくいが、次のような訓戒が含まれている。

此道、第一わろき事ハ、心のがまんがしやう也、こふ者をばそねミ、初心の者をバ見くだす事、一段無勿体事共也、こふしやにハちかづきて一言をもなげき、又、初心の物をばいかにもそだつべき事也、此道の一大事ハ、和漢之さかいをまぎらかす事、肝要〳〵、ようじんあるべき事也、又、当時、ひゑかるゝと申て、初心の人体がびぜん物・しがらき物などをもちて、人もゆるさぬたけくらむ事、言語道断也、かるゝと云事ハ、よき道具をもち、其あぢわひをよくしりて、心の下地によりてたけくらミて、後までひへやせてこそ面白くあるべき也、又、さハあれ共、一向かなハぬ人体ハ、道具にハからかふべからず候也、いか様のてとり風情にても、なげく所、肝要にて候、たゞがまんがしやうがわるき事にて候、又ハ、がまんなくてもならぬ道也、銘道ニいわく、

心の師とハなれ、心を師とせざれ、と古人もいわれし也。

この道において第一にいけないことは、心の慢心であり、また執念である。練達の者に対し

てはねたみそねみ、初心の者に対しては見下す態度をとるなどのことは、一段と不都合なことがらである。宜しく、練達の者には近づいてその道理をよく悟り、一言なりとも感嘆する機会をとらえることだし、また初心の者にはいかにもして、ぜひ育ててやるべきものである。この道の一大眼目とするところは、和漢の境地を融和させることである。これは、きわめて肝要なことで、心をくばらねばならぬことである。ところで、このころ、「冷え枯れる」といって、初心の者が備前物・信楽物などを持って、他の人びとは問題にしないのに、ひとりよがりに「冷え枯れた」境地を出そうとするのは、何ともいいようのないばかなことである。「枯れる」ということは、良い道具を持ち、その味わいをよく知り、自分の心の素地によって「冷え枯れた」境地に至ろうとすることに努め、そこで、いついつまでも「冷え痩せた」趣を見せてこそ、面白いというものである。また、とはいうけれども、とうていそのようなことが物心ともに満足できそうにもない人物は、道具を翫ぶことは止めたらよい。道具がいかにも粗末な手取りふぜいのものであっても、「なげく」という点が肝要なのである。その「なげく」ことがなく、ただ我慢我執することが悪いのである。しかし、自分を無にするばかりではいけない。また時には、自分を偉なりとする心もちがなくてはいけないというのがこの道である。この道の銘言としていわれているのだが、

「心の師とはなるがよい、しかし、心を師にはするな」〔心を導こうと努めるのはよい。しかし、心に従ってのみ進むのは良くない〕と、昔の先徳もいわれたものである。(20)

珠光に与えられた義政自筆の掛物もまた、珠光と義政が個人的に知っていたことを暗示している。しかし熊倉功夫の考えによれば、二人の親交は直接のものでなく、義政と珠光との間には常に仲介役としての能阿弥が存在していた。(21) いずれにせよ、もし義政が珠光に手紙を出すほど十分に茶に関する珠光の意見を知っていたとしたら、義政が珠光の意見に影響されたということは大いにあり得ることである。この説を採る人々は、義政が侘茶の創始者として珠光と並び称されるべきだと考えている。(22)

義政が使った種類の茶碗——中国趣味のもの——に精通していた珠光が、単純で素朴な備前や信楽の焼き物の優越性を主張して優雅な中国様式の碗の優雅さを拒絶する人々の意見に反感を覚えたことは十分考えられる。だから珠光は古市澄胤に向かって、これらの日本の陶器だけを使うことを主張する人々のことを批判したのだし、両者を組み合わせる必要性を主張したのだった。いわゆる「和物」が茶席で一般に使われるようになったのは、利休の時代になってからのことである。

連歌と茶の湯の類似性はまた別の面でも見られて、これはいずれも仲間の参加を必要とする芸術だった。和歌は密かに歌人の部屋で作られることが多く、あるいは人里離れた庵のようなところで作られたものだった。しかし連歌は一般に、歌を詠む楽しみを分かち合う人々の集まりである「座」の共同制作だった。茶は、もちろん独りで楽しむこともできる。しかし茶の湯は、一緒に茶を飲む客が必要だった。茶の香りや、両手に持った茶碗の手触りを楽しむばかりではない。簡素だが非常に洗練された造りの茶室、地味な花瓶に差された一輪の花や禅僧の書いた掛軸のある床の間、そして、これらの楽しみを同じ趣味の仲間と分かち合っていることから生まれる特別な温かさをも同時に楽しむのだった。

連歌と茶の湯は、どちらも果てしない戦乱によって荒廃させられた世界にふさわしい芸術だった。一緒に仲間同士で連歌を作る静かな部屋や茶室の外では、戦闘の叫び声が飛び交っていたかもしれない。またそこには武力衝突で破壊され、放置されたまま荒れ放題となっている町があったかもしれない。しかし部屋の中は、人間の親密な交わりの温かみで満ちていた。

どちらの芸術にとっても大事だったのは、規則があるということだった。連歌の規則はあまりに多すぎて、それをすべて覚えていることのできる連歌師はわずかしかいなかった。すでに連歌の会とは縁遠い我々から見ると、これらの規則は独断的で愚かしくさえ見えるかもしれない。しかし、同じことはどんな詩の規則についても言えることだった。たとえば十七世紀フランスの詩の規則——「男性的」な韻律と「女性的」な韻律が交互に十二音節で作られるアレクサンドラン、句切れの不可変性、精密な詩の語法、等々——は、あまりに要求が厳しすぎた。そのため、このような韻文で戯曲一篇を書くことは誰にとっても不可能であるかのように見えた。しかし、ラシーヌとモリエールの奇蹟的な傑作は、規則がこれら二人の詩人の邪魔をするどころか、むしろその芸術的水準を維持するのに役立ったことを示している。同じことはソネットについても言えるが、ワーズワースはソネットについて次のように書いている。

然り、みずから入る牢獄は、牢獄にあらず。
憂きとき、悲しきとき、
ソネットのわずかなる空間に束縛さるるを、
われは楽しみと見つけたり

茶の湯の場合も、茶の準備段階から茶を飲むにいたるまでの手順を取り決めた規則がある。たかが茶を飲むだけのために、その規則は不必要なまでに煩瑣であるように見える。しかし、(ビールはもとより)飲酒が決して到達できない作法で喫茶を特別な儀式の水準にまで高めたことは、直接的、間接的に多くの芸術に影響を与えた。世界に冠たる日本の芸術である陶磁器の驚くべき発展をもたらしたものは、茶の湯だった。ポルトガル人が十六世紀後半に最初に日本に来た時、彼らは清潔な家や食事の給仕の作法に感銘を受けた。しかし、ただの茶碗、それも装飾もなければヨーロッパの碗のように金で縁取られてもいない茶碗に莫大な値がつくということに、ポルトガル人は当惑の表情を見せた。ある神父は、茶室で行なわれる茶の湯について次のように書いている。

彼ら日本人はこの種の茶を飲む集まりを非常に重んじ、また大いに楽しむ。そのため粗末ではあってもこのような家を建てるのに金をかけ、また、これらの会合で出される種類の茶を飲むために必要とされる物を購入するのに大金を投ずる。こうして、そこにある道具は陶器であるにもかかわらず一万、二万、あるいは三万クルサードか、それ以上の値打ちがあることになる。そのことを知っている外国人にとっては狂気の沙汰であり、非道な行為とさえ映るのである。(23)

今日、茶の湯は何百、いや何千もの陶芸家を支えている。もし茶の湯が存在しなければ、芸術的な陶器の需要は西洋の現状とほぼ似たようなものになっていただろう。つまり、使う使わないに関係なく碗や花瓶の形を珍重する、ごく少数の目利きだけの需要に限られることになる。茶の湯のおかげで、日本では茶碗や水差し、花瓶、皿などに着実な需要がある。門外漢には特に作るのが難しそうには見えないが、茶碗は一般に陶器の中で一番高価なものである。茶碗の値段が高いのは、陶芸家が焼物を作るにあたって自分の魂を入れるからだといわれている。まるで生き物のように名前を与えられることが多いのは、事実、茶碗に何か陶芸家の魂のようなものが込められているからだろう。

連歌は、ほとんど姿を消してしまった。しかし連歌の第一句である発句は、やがて独立して俳句となった。俳句という名称は、明治時代になってから一般化したものである。俳句が盛んに作られた時代は徳川期で、それも特に大宗匠の芭蕉の時代だった。しかしいまだかつて、今日ほど俳句が人気を集めている時代はない。俳句の時代すべてに共通して言えることは、暗示への依存である。わずか十七文字では伝えることができないものを伝えるという必要性に迫られてのことだった。こうした俳句そのものに、義政が馴染んでいたわけではなかった。しかし、義政が暗示の本質について説明を必要とするということはなかったに違いない。連歌に精通していた義政は、わずか十七文字であっても暗示を用いることによってどれだけ多くのことが表現できるか知っていた。

茶の湯は連歌と違って、今なお十分に日本の文化の一部となっている。しかし、「日本人のこころ」として知られる他の多くのものと同じように、茶の湯もまた義政が東山山荘に住んでいた時期、その戦乱の狭間に生まれたのだった。

(1) 熊倉功夫『茶の湯の歴史』二三ページ参照。
(2) 同右二五ページ。
(3) 同右三二ページ。
(4) 同右三三ページ。
(5) 同右三六〜三七ページ。

（6）熊倉は、栄西が茶の種を持ち帰ったと一般に言われている「茶種将来」でなく、茶の植木を持ち帰った、すなわち「茶樹将来」ではなかったかと述べている。同右四〇ページ参照。
（7）引用は、『喫茶養生記』（千宗室編纂『茶道古典全集』第二巻四二～四八ページ）の森鹿三現代語訳。原文は同書四～七ページにある。熊倉、前掲書四一～四二ページも参照。
（8）熊倉、前掲書六一ページ。
（9）同右六二ページ。
（10）同右六八～六九ページ参照。
（11）特に複雑な遊びについては、同右七三ページ参照。
（12）桑田忠親『日本茶道史』五六～五七ページ。「茶湯」という言葉は、連歌師宗長の『宗長手記』の大永六年（一五二六）八月の項にも出てくる。
（13）原文は、『山上宗二記』（千宗室編纂『茶道古典全集』第六巻）五一ページ。また、桑田『日本茶道史』五一ページも参照。
（14）桑田、前掲書五三ページ。木阿弥への言及は、『大乗院寺社雑事記』の文明二年（一四七〇）の項に出てくる。
（15）桑田忠親『山上宗二記の研究』三九ページ。
（16）『珠光古市播磨法師宛一紙』（千宗室編纂『茶道古典全集』第三巻）五ページ参照。
（17）Ramirez-Christensen, Esperanza, *Hearts Flower : The Life and Poetry of Shinkei* の、特に九五、一二一、一九五～一九六、二三七ページ参照。
（18）木藤才蔵、井本農一校注『連歌論集　俳論集』（「日本古典文学大系」六六）一四三ページ。
（19）『山上宗二記の研究』九七ページ。武野紹鷗（一五〇二―一五五）は、村田珠光によって考案された茶の湯の教えを広めた。紹鷗は、千利休の師匠である。山上宗二は三十年間、利休に学んだ。

(20) 原文は『珠光古市播磨法師宛一紙』三〜四ページ。また、同書五〜六ページの永島福太郎現代語訳を使った。最後の銘言の出典は、『大般涅槃経』。熊倉、前掲書一〇八〜一一三ページも参照。

(21) 熊倉、同右一〇五ページ。

(22) Murai Yasuhiko, "The Development of Chanoyu Before Rikyu" (Varley, Paul and Kumakura Isao, *Tea in Japan*) p. 24.

(23) Cooper, Michael, *They Came to Japan*, p. 265.

第十章　晩年の義政

足利義政の関心は、同時代のあらゆる芸術に向けられた。その中には、義政が中心的人物であったものもある。しかし義政は、必ずしも彼の名前からは連想されることのない芸術の愛好者でもあった。たとえば書道、香道である。(1) どちらも義政は傑出した師匠のもとで学び、必ずしも名人の域には達しなかったが、それぞれに堪能だった。今となっては、茶の湯や香道における義政の技量を評価する手立ては何もないが、残されている和歌や連歌を見れば義政がかなりの能力の持主であったことがわかる。(2) しかし義政自身の業績以上に、これらの芸術を奨励したこと自体が義政を文化史の中で重要な地位を占めさせるにいたった。義政の生涯、特に東山山荘で暮らした晩年は芸術に対する愛に支配されていたと言っていい。

しかし芸術だけが、義政の唯一念頭にあったものではなかった。義政は生涯を通じて、深い信仰の持主だった。(3) すでに見たように義政が最も密接な関係を持っていたのは禅仏教で、これは特に武士階級に好まれた仏教の一派だった。幼少の頃から義政は禅僧と付き合いがあり、芸術に打ち込んでいる時など特に禅の作法に自分と合うものを感じ取っていたようである。義政は経典の研究や、宗教の本質について思い巡らすことには関心がなかった。しかし仏教の悟りは、どんな活動においても経験し得ると考えていた。次の和歌は、義政の基本的な禅の世界観を示しているかもしれない。

ことのはの外に出たる法《のり》の道
たれにかとはん誰かこたへん(4)

将軍職を辞して政治や軍事の世界から引退した後、義政は禅僧として僧籍に入った。義政は常に禅寺の寛大な庇護者だったし、禅宗は歴代の足利将軍の宗旨だった。それだけでも、義政が「世を捨てる」決意をした時に禅宗を選んだのは当然のことだった。義政は禅の書物を常に傍らに置いていたが、義政の禅への傾倒は宗教的教えの深い理解から出たものではなかった。生涯にわたって禅の教義の影響を受けながら、義政は禅の根源的な教えや歴史について初歩の知識しか持っていなかったようである。(5) 義政は、『臨済録』や『碧巌録』のような基本的な禅の経典のことさえ満足に知らなかった。義政にとって禅の主たる魅力は、その外に現れた部分にあった。義政は禅の極めて簡素な作法の中に、自分を最も強く惹きつける芸術——建築、庭園、生け花、茶の湯、そして能――に求めた美と同じようなものを発見したのだった。

義政の宗教的生活は、しかし決して禅だけに限られていたわけではなかった。義政の強い観音信仰は二十代前半にさかのぼり、生涯の最後まで続いた。銀閣は当初、観世音菩薩を拝む場所として構想された。このことは、義政が観音信仰を終生捨てなかった事実を示している。

観音に加えて義政は、阿弥陀仏に特別な敬意を払っていた。阿弥陀の慈悲にすがる救済信仰は、貴族階級の多くが共有するものだった。善行が救いをもたらすという初期の仏教宗派の説教に疑問を抱くようになるにつれ、貴族たちは阿弥陀に救いを求めるようになった。戦乱や災害の時代に、善行――貴族たちが建てた寺や、写経その他――は簡単に破壊され、とても永続的な利益を保証してくれるとは思えなかった。禅僧たちは座禅を組み、自分の中にある仏性を養うことによって救いが得られることを信じていた。しかし騒乱の時代には、禅の静かな瞑想を妨げるものが多すぎた。多くの人々が自らの努力（自力）で救いを得ることを諦め、衆生救済を誓った阿弥陀仏の慈悲（他力）にすがることにしたのだった。

源信《げんしん》（九四二―一〇一七）の『往生要集』は、人々が救いを得る方法を見つけるための手掛かりとなることを目的として書かれたものである。冒頭、同時代の人々が置かれていた現実の状況を描写し、源信は次のように言う。

それ往生極楽の教行は、濁世末代《じよくせまつだい》の目足《もくそく》なり。道俗貴賤、誰か帰せざる者あらん。ただし顕密の教法は、その文、一にあらず。事理の業因、その行これ多し。利智精進の人は、いまだ難しと為さざらんも、予が如き頑魯の者、あに敢てせんや。この故に、念仏の一門に依りて、いささか経論の要文を集む。(6)

阿弥陀仏の極楽浄土に生まれるための教えと修行は、この濁世末代の人々にとって大切な目や足のようなものである。僧侶と俗人、身分の高い人、低い人とを問わず、これに帰依しない者がいるだろうか。ただし顕教と密教の教法はその文において一つではないし、現象と真理における善悪の行為もまた様々である。理知あり精進ある人にとっては難しくないかもしれないが、私のように頑なで愚かな者にとっては手に余る。そのため念仏という限られた教えを通して、経論の大切な文句を集めてみた。

源信は、謙虚にも自分自身を「頑魯の者」と呼んでいる。源信は絶対に「頑魯の者」ではなかった。しかし、仏教の異なる宗派の何巻にもわたる大量の書を十分に理解することは、賢く勤勉な僧にとっても難しいことだったに違いない。念仏を唱えること——その名号を称えるだけで衆生を救済してくれる阿弥陀仏への救済の嘆願——は、浄土に生まれ変わる最大の可能性を与えてくれた。

もし源信の時代において事実そうであるならば、義政の時代にはさらにふさわしいことであったに違いない。応仁の乱の無意味な破壊は、源信がこの世を「濁世」と呼んだことがいかに正しかったかを示した。特権的な生活を送っていた宮廷貴族も、教育がないために最も簡単な仏教の教えさえ理解できない農民や漁民も、誰もが必死で救いを求めていた。彼らは、救済に通じる唯一の確実な門である念仏にすがった。

称名念仏は、のちに法然《ほうねん》、親鸞《しんらん》、一遍《いっぺん》を始めとする有名な浄土教の上人たちによって次々と説教された。彼らは救いを得る方法をさらに簡素化し、ほとんど教育のない人間にもわかるように教えを説いた。法然は、阿弥陀の慈悲に完全にすがっていることを示すために阿弥陀仏への祈りを日夜繰り返すことが大事であると説いた。しかし親鸞は、救いは念仏を唱えたことによって与えられる褒美ではなく、あくまで衆生を救うことを誓った阿弥陀仏の本願による慈悲であると説いた。一遍は、阿弥陀信仰さえも救いには必要ないという考えだった。阿弥陀の浄土に生まれ変わるために必要なのは、ひたすら念仏を唱えることであり、それも声に出す必要はなく、ただ心に念ずればいいのだった。

浄土仏教のさらなる発展は、義政の同時代人である蓮如によってもたらされた。蓮如は、念仏は救いを求めて阿弥陀仏に捧げる祈りではなく、阿弥陀の慈悲に対する感謝の表現だと考えた。阿弥陀の慈悲は人間の欠点に関係なく与えられ、また人間が功績を挙げたか否かにも関係ないのだった。蓮如は、親鸞の教えをわかりやすく説いた「御文」を通じて、浄土真宗を日本の仏教の中でとりわけ人気のある宗派に押し立てた。蓮如はまた、かつて比叡山の僧兵によって破壊された浄土真宗の本山本願寺の再興を果たした。

蓮如は当時の代表的な僧侶だったが、義政には何の影響も与えなかったように見える。その理由の一つとして、蓮如が生涯のほとんどにわたって都を離れて布教活動をしていたことが挙げられるかもしれない。しかし主たる理由は、おそらく蓮如の浄土教の対象が下層階級であり、彼らの間で大変な人気を博していたことにあったと思われる。義政の浄土信仰は親鸞や蓮如よりもむしろ法然の流れを汲むもので、いまだに宮廷階級の趣味に合うような宗教的儀式を伴うものだった。

義政が浄土宗の寺を訪問したことについては、無数の記録がある。たとえば文明六年（一四七四）、義政は（妻の日野富子と息子義尚を伴って）法然とゆかりのある誓願寺を訪問した。また翌年、三人は「踊躍《ゆやく》念仏」で有名な金光寺を訪れた(7)。文明十六年、義政は知恩院に行き、そこで開山法然上人の影前に恭しく焼香礼拝している。また法然ゆかりの今一つの寺である真如堂を足繁く訪れ、応仁の乱の後にはこの寺の再建のために寄進した(8)。義政晩年の阿弥陀仏への傾倒は、当初は宮廷における浄土教の人気に影響されてのことであったかもしれない。義政は、宮廷で行なわれる経文や『往生要集』の講話に出席していた。しかし、仮りに義政の浄土教への関心が宮廷と同じ信仰を共有したいという願望から出たものであったにせよ、ついにはこれが義政の最も深い宗教的信念となった。

阿弥陀の救済の保証は、これとは別に高く評価していた禅の厳しい教えよりはるかに大きな慰めを義政にもたらしたと思われる。義政の公的な美的生活は禅の教えに多くを負っていたが、私生活においてはますます念仏に頼るようになった。義政における「自力」と「他力」仏教の結合は、あらゆる救いの可能性が必死に求められていた当時としては決して珍しいことではなかった。

義政はまた、特に将軍時代には古い仏教宗派に属する寺も訪れた。特に京都の真言宗や天台宗の寺、奈良の興福寺などである。一族の誰かが病気になった時、義政はしごく当然のように密教の僧侶を召し、病気快癒のための呪文を唱えさせた。おそらく義政は、禅宗と浄土教の信者がこのような僧の助けを求めることに、何ら矛盾を感じていなかった。加持僧の属する仏教の宗派に関係なく、彼らは病気に苦しむ人々の恢復を祈る専門家だったし、彼らの祈禱は他の技能を持った僧たちの祈りよりも効き目がありそうだった。同じように義政は、よく陰陽師《おんみょうじ》や占星術師にも助けを求めた。彼らの特殊な知識が仏教に基づいたものでなくても、やはり自分を不幸から守ってくれると信じたからだった。「濁世」に満ちている災いから自分を救い出してくれそうなものなら、義政は何でも喜んで受け入れた。

義政の相談相手にはさまざまな宗派の僧たちがいて、彼らは互いに穏やかに付き合っていたようである。もっとも宗派間の争い、あるいは同じ宗派の中での暴力行為は決して珍しいことではなかった。たとえばある寺の僧たちが自分たちの特権を失うまいとして、その特権を侵害しようとしていると思われる同じ宗派の敵対する寺を攻撃することにした時など、頻繁に事件が起きた。暴力行為は、教義上の違いからというよりは地所をめぐる争いから起こることが多かったが、宗教上の派閥争いもあった。一つの宗派の信者たちが他の宗派の信者たちに対して起こした蜂起の中で、最も有名な例は蓮如を信奉する者たちが北陸地方で起こした一向一揆だった。この信仰の行き過ぎから起きた暴動を嘆いた蓮如は、文明五年（一四七三）、信者が従うべき十一ヵ条の掟を布告した。これらの掟の二番目と三番目は、言外に蜂起を非難したものだった。

一、諸法、諸宗全く誹謗すべからざるの事
一、我宗の振舞を以て、他宗に対し難ずべからざるの事(9)

義政は、これらの争いにほとんど注意を払わなかった。宗派にかかわらず義政は多くの寺に参詣したばかりでなく、特に将軍時代には神社にも足繁く参拝した。義政は神道の神々への敬虔な信仰を、常にはっきりと示した。旱魃、洪水、疫病などの自然災害に襲われた時、また激しい戦乱の時代には、義政の祈願は何よりもまず神道の神々に捧げられた。

義政は、次のように信じていたようである。日本は神国である、もし将軍である自分が祈願をかければ、神々は逆境の時代の日本人に特別な加護を与えてくれるに違いない、と。将軍職を辞した後、義政の神社への参拝はしごく稀になった(10)。これは神々への祈願が義政の個人的な信仰によるというよりは、あくまで将軍としての務めから出たものであったことを示唆している。

すでに見たように義政の晩年は、もっぱら東山山荘の計画と建造に捧げられた。たとえば会所のような一部の建物は、義政の生活空間であると同時に友人たちをもてなす場所として建てられた。しかし、建物の多くは宗教的な礼拝を目的としたものだった。東求堂はもともと阿弥陀殿と呼ばれ、義政の持仏である阿弥陀三尊が祀られていた。また襖絵には、浄土経典に出てくる重要人物が描かれていた（この建物は義政の死後、禅寺になった際に改修された）。

東山山荘における非宗教的な活動の中に、能の上演があった。おそらく、宗教的な儀式と連携して演じられたものと思われる。義政が没頭した多くの芸術の中で、能は最も身近なものであったかもしれない。世阿弥が死んだ時、義政はまだ幼少だった。しかし、他の二人の重要な能楽師が義政の成年時代に活躍していた。金春禅竹（一四〇五—七〇？）と音阿弥（一三九八—一四六七）である。

禅竹は優れた能役者であったばかりでなく能作者、また能芸術の理論家としても世阿弥に次ぐ存在だった。最もよく知られている禅竹の能芸論『六輪一露之記』は、能の上演が及ぼす効果の哲学的、宗教的な解釈を具象的に表現した難解な作品である。アーサー・ソーンヒルは、この能芸論について次のように書いている。

禅竹が師の世阿弥から伝授された多くの美的法則、作劇術の原理、また教育方式を再現させるために工夫されたこの七種類の象徴的な位相は、世阿弥の教えの宝庫として見ることができる。六輪（寿輪、竪輪、住輪、像輪、破輪、空輪）は、遠心的な発展を具象的に表現するものとして分析され、特定の芸術的効果の輪郭を段階的に描いたものである。また、それは同時に求心的な作用をも表現していて、これによって能役者は自分の芸術のさらに深い段階へと成長するのである。[11]

禅竹は、世阿弥から広範囲にわたる個人的指導を受けた。もっとも、二人は異なる流派に属していた（世阿弥は観世流、禅竹は金春流）。この若者の並はずれた才能に気づいた世阿弥は、特に禅竹のために二つの能楽論『六義《りくぎ》』と『拾玉得花《しゅうぎょくとくか》』を書いた。[12]『拾玉得花』には、『六輪一露之記』に登場することになる原理が含まれている。

禅竹にとって不運なことに、世阿弥はすでに後継者として元重《もとしげ》（音阿弥）を指名していた。[13]応永六年（一三九九）、もはや子供ができないと思った三十六、七歳の世阿弥は、弟の子を養嗣子として貰い受け、後継者とした。最初は三郎《さぶろう》[14]として知られたこの子は、世阿弥自身が観阿弥から受け継いだ能の秘伝を教え込まれた。しかし、世阿弥が三郎を養嗣子にした一、二年後、世阿弥の妻が男子を産んだ。のちの元雅である。[15]妻はその後、もう一人の男子元能《もとよし》と女子一人を産んだ。遅かれ早かれ、実子の二人の息子と養子との間で対立関係が起こることが容易に予測された。しかし、三人の息子がまだ若い頃は、世阿弥はおそらく三人を分け隔てなく教えた。

世阿弥は禅竹の才能を十分知っていたが、まだ自分の後継となる資格があるとは思わなかった。そのうち世阿弥は、元雅の尋常でない才能に次第に気づくようになった。世阿弥は書いている、元雅は祖父の観阿弥にもまさる、と。世阿弥が自分の父観阿弥のことを、あらゆる面で能の最高の芸術家と見なしていたことを思えば、これは驚くべき褒め言葉と言わなければならない。(16)世阿弥の『風姿花伝』は、正式の長男である養嗣子の元重でなく、元雅に相伝された。世阿弥がこの秘伝書を元雅にだけ伝えたのは、奥義相伝の慣習に従って最適格の息子だけが秘伝を受け継ぐことを許されるべきだと考えたからだった。(17)明らかに世阿弥は、元雅が後継者となることを期待していた。しかし、元雅は思いがけず若くして死に、世阿弥は深い悲しみに暮れた。

数々の優れた能を書いた元雅の死で、禅竹は世阿弥の伝統の流れを汲む継承者となった。禅竹の作品には、能の演目の中で最も感動的な作品の幾つかが含まれている。すなわち『芭蕉』『楊貴妃』『定家』『野宮《ののみや》』である。(18)禅竹の作品については、「一貫して新古典主義の審美的な幽玄の理想を体現し、宮廷文化の過去の輝きと優雅に対する甘美な哀しみと郷愁を発散させている。詩歌芸術がその最も重要な主題で、これは和歌が猿楽の本質であるという禅竹の持論を反映している」といわれている。(19)

義政は、確かに禅竹の舞台を見ていた。(20)しかし、どちらかといえば（足利義教と同じように）音阿弥の方を好んでいたようだった。今日、音阿弥を評価することは難しい。能芸術に携わった主要な人物の中で、音阿弥は例外的に能作品も能芸論も残さなかった。また、能役者としての音阿弥の技量に対する客観的な同時代の評価も残っていない。しかし音阿弥の演技の様式が、世阿弥や禅竹のそれより力強く動的であったと推定できる根拠はある。音阿弥のリアリズムは、作品の流れにおける劇を強調することで、おそらく観衆にとって刺戟的なものだった。一方、禅竹の舞台は劇的効果で観衆を興奮させるのでなく、抽象的かつ象徴的な美で観衆の心を深く感動させることを目的としていた。

音阿弥は、義教がまだ青蓮院門跡義円だった頃からその寵愛を受けていた(21)。義教は正長二年(一四二九)に新将軍になると、音阿弥に惚れ込むあまり自らその庇護者となった。音阿弥が観世座の主流から分裂し、観世座の中に別派を結成したとき、義教は世阿弥や禅竹より公然と音阿弥の舞台を贔屓にした。分裂は、音阿弥の恨みから出たものであったらしい。音阿弥は座長として正式に世阿弥の地位の後継者であったにもかかわらず、世阿弥は実子の元雅を偏愛し続けたからである。あるいは世阿弥自身が、もともと分裂を工作したのであったかもしれない。もし音阿弥が観世座の分裂した一派に属すれば、世阿弥の後継者になろうとは思わないだろうと期待したのだった(22)。

将軍になった後、義教の音阿弥びいきは以前にも増して目立つようになった。義教は、この気持を隠そうとはしなかった。音阿弥は将軍の館で定期的に舞台を務めたばかりでなく、上皇の仙洞御所でも演じた。世阿弥の「本家観世座」の舞台は、めったに見られなくなった。分裂した「分家観世座」が事実上観世座の本流となり、観世音阿弥元重が座長だった。[23]

音阿弥は、世阿弥を佐渡に流刑させた足利義教の決定に関わったと一般に信じられたことで何年も評判が悪かった。我々は実のところ、七十歳を過ぎた世阿弥が流刑に処された直接の原因を知らない。[24]よく言われているのは、観世流の秘伝を音阿弥に伝えよという義教の命令を世阿弥が拒否したからだということになっている。異常に血に飢えた暴君としての義教の評判から見て、世阿弥（あるいは他の誰か）が義教の命令に従うことを拒否したということは、ありそうにないことである。おそらく別に大したことでもないこと、世阿弥のちょっとした振舞が義教の怒りに触れたのではないだろうか。義教にしてみれば、それだけで世阿弥を流刑に処するに十分な理由だった。世阿弥の佐渡流刑中に音阿弥の一座は栄え、もはや分裂した一派どころか観世流の本座となった。

能舞台を見ている最中に暗殺された義教の死は、明らかに音阿弥にとって打撃だった。しかし音阿弥は、挫けることがなかった。たとえ将軍の特別な庇護を受けることができなくなっても、音阿弥はあらゆる場所で勧進能を打ち続け、独自の人気を集めた。音阿弥は、紛れもなく名人芸に達した能楽師だった。音阿弥が新将軍義政の支持を得たのは、そのためであったかもしれない。絶え間ない無秩序の時代に、ほとんどの能楽師が自分の芸術を維持するのに困難を覚えていた。観世流でさえひどく困窮したため、義政は諸大名に観世への献金を命じている。[25]

音阿弥は、しかし逆境にもかかわらず栄え続け、特に一般庶民の間で人気を博した。

義政は音阿弥に、変わらぬ支持を与え続けた。義政は（音阿弥の）観世座を「将軍家の猿楽」として定着させ、観世を能の四流派の中で最高の地位につけた。[26] 寛正五年（一四六四）四月、能楽史上最も輝かしい舞台の一つである糺河原《ただすがわら》勧進能が行なわれた。公演は三日間、続けられた。今や義政の庇護を受けている音阿弥の息子又三郎《またさぶろう》が、一座を取り仕切った。しかし音阿弥も、すでに六十六歳であったにもかかわらず十作以上の作品を演じた。音阿弥は三年後の死にいたるまで、舞台を務め続けた。音阿弥が世阿弥の後継者としての名声を確立したのは、世阿弥が養子にしたからではなく、自らの卓越した技量のためだった。堂本正樹は、音阿弥が「実技面で世阿弥に優る名人」であったことは残っている資料から明らかだと考えている。[27]

義満と義教は、いずれも能楽師に援助を惜しまなかった。しかし義政は、能を国の「楽」として確立したのだった。儒教の伝統によれば、「礼楽」は秩序ある国に欠かせないものだった。礼は秩序を維持し、楽は民の心を感化するのだった。能に対する義政の高い評価は、なにも観衆に対する有益な効果のためだけではなかった。義政が能の中に発見したのは、幽玄という言葉から連想される神秘と奥深さだった。それは、目に見えるものを越えてその向こうに拡がる世界を喚起するのだった。

現存する最も古い能の装束は義政の時代のもので、地味でありながら優雅な趣味が示唆しているように、それは義政のために織られたのであったかもしれない。観世流が所持する一つは、濃緑色の生地に金糸で一つがいの蜻蛉の模様が織られている法被で、控えめではあるが美しい。

特に素晴らしい能舞台の後で、義政が着ていた法被を脱いでシテの役者に褒美として与えるところを想像してもいい。それはまるで、スペイン人が着ているものを闘牛場に投げ入れて、並ぶ者なき最高の闘牛士に敬意を捧げるようなものである。素晴らしい舞台の褒美として装束を与えるのは、世阿弥の時代にまでさかのぼる風習だった。(28)

能を国の「楽」として待遇した徳川将軍による能の庇護は、もっと実際的な思惑に基づいたものだった。もし将軍が「礼楽」という儒教の原理に従えば、将軍の治世の平和と安全に寄与することになると考えたのだった。また徳川将軍が能を大事にしたのは、自分たちを足利将軍の後継者と考えていたからだった。しかし理由はどうあれ、徳川将軍が優れた芸術を不朽のものにするにあたって手を貸したことは間違いない。

それぞれの芸術において、義政の庇護はその発展に必要不可欠な要因だった。東山時代は厳密に言えば、（義政が山荘に移った）文明十五年（一四八三）から、義政の死の延徳二年（一四九〇）まで続いただけだった。しかし、それは文化史における輝かしい一時期だったし、その影響はこの七年間をはるかに越えて現在にまで及んでいる。守護神は言うまでもなく義政自身だった。義政の趣味は、この時代のすべての芸術に反映された。

義政晩年の幸福な生活に影をさしたのは中風で、これが最初に目立つようになったのは文明十八年（一四八六）だった。これに、さらに鬱症が加わった。しかし義政は山荘でのさまざまな気晴らしに慰められ、また息子の義尚がここに来て将軍としての自覚を見せ始めたことにも元気づけられた。戦場で幕府の敵に立ち向かう義尚の勇敢な武者ぶりは、足利一族の栄光の日々の再現かと思われた。しかし、このことがかえって近江地方の戦闘での義尚の死の報せを、この上なく大きな衝撃にした。

長享三年（一四八九）四月十日、義尚のための葬儀が執り行なわれた。二日後の夜、義政は重い中風の発作に苦しみ、左半身不随となった。義政は、この段階で次期将軍を誰にするか考えなければならなかった。義尚には子がなく、誰を後継者にするにしても決め手がなかった。義政が一度は後継者に指名したことのある義視は、応仁の乱の後半で西軍に将軍として担がれたことから不適格と見なされた。義視の息子義稙《よしたね》は、同じ理由によって疑問視された。義政は病軀をおして、自ら将軍職に戻るほかないと思った。東山山荘に、義政が公務を行なう建物がにわかに普請されることになった。しかし義政を苦しめる中風は、目立って悪くなっていった。健康の悪化は、新しい建物の方角のせいだとされた。そのため、建物は撤去された。しかし、義政の健康は恢復しなかった。

延徳元年十月、義視と義稙が山荘に義政を訪ねた。義視は、再び法服を身につけていた。これは、義視に将軍になるつもりが一切ないことの証だった。この義視の決意に感銘を受けた義政は、義稙を後継者として養子にした。一ヵ月後、義政の病気は目立って悪化した。昏睡状態に陥り、延徳二年正月七日、義政は死去した。

義政の晩年、妻日野富子との関係はすでに改善されていた。義政は、富子が息子義尚の葬儀費用として提供した莫大な金に、感銘を受けたかもしれない。しかし、二人は別居したままだった。富子が義政の葬儀に出席したかどうかは明らかではない。義政の墓は、相国寺にある。この寺の歴史は、足利将軍の栄枯盛衰を映し出している。

東山文化は、応仁の乱と戦国時代の戦乱の中の束の間の静けさの中に栄えた。その継続期間は短く、それに携わった者たちの数は決して多くはなかった。しかし、その後の日本文化への影響力には計り知れないものがあった。近代化と国際化がすべての日本人の生活に影響を与えている今日においてさえ、日本人が特に日本的なものとして、特にあらゆる日本人に身近なものとして考えるものの大半は、この時期に始まった。

義政は、かつて日本を統治した将軍の中で最悪の将軍であったかもしれない。義政は、武人としては完全な失敗者だった。義政が将軍だった治世に、幕府は徐々に弱体化していった。義政は、私生活においても成功したとは言いがたい。若き日の数々の情事は、義政に何の喜びももたらさなかった。また、義政の結婚は惨憺たるものだった。唯一の息子義尚との関係も、はかばかしいものではなかった。応仁の乱が文明九年（一四七七）に終わった時点で、おそらく義政は自分自身にとってさえ失敗者に見えた。

しかし、義政が東山山荘に住んでいた時期に目を向けるならば、我々の印象はまったく異なってくる。日本史上、義政以上に日本人の美意識の形成に大きな影響を与えた人物はいないとまで結論づけたい誘惑に駆られる。これこそが義政の欠点を補う唯一の、しかし非常に重要な特徴だった。史上最悪の将軍は、すべての日本人に永遠の遺産を残した唯一最高の将軍だった。

（1）　たとえば義政の香道の師匠は村田珠光で、義政自身がこの芸術の先覚者の一人に列せられている。太田清史『香と茶の湯』六三ページ参照。また、寛正六年（一四六五）に奈良を訪ねたとき、義政は東大寺の宝物殿である正倉院の開封を求め、名高い香木の蘭奢待の一片を切り取った。森田恭二『足利義政の研究』二〇八ページ参照。後年、織田信長と徳川家康、そして明治天皇がこの義政の行為に倣っている。

（2）　義政の連歌会への頻繁な参加については、森田、前掲書一五二～一五七ページ参照。河合正治は、自身優れた連歌師だった能阿弥の次の言葉を引用している。義政が文正元年（一四六六）の連歌会で作った発句について、能阿弥は「義政公の句はいつも奇絶だ」と言ったというのである（『足利義政』一七五ページ）。この能阿弥の賛辞は、主人に対する義理で粉飾されていた可能性があるが、義政は少なくとも連歌師として有能だったのではないかと思われる。義政の作った和歌三一九首が、『慈照院殿義政公御集』に収録されている。森田、前掲書一六二～一八八ページ参照。義政はまた、和歌の庇護者でもあった。文正元年、新しい勅撰集の編纂を委託された飛鳥井雅親の屋敷に幕府の出資で和歌所が造作された。翌年の応仁の乱の勃発で、飛鳥井邸も和歌所も焼失し、第二十二代勅撰集の編纂は挫折した。芳賀幸四郎『東山文化』九七～一〇〇ページ参照。

（3）　芳賀幸四郎は『東山文化の研究』三九五～三九九ページで、寛正五年（一四六四）一年間の義政の宗教的行動を一覧表にしている。ほとんど毎日、義政は相国寺その他の寺を訪問している。講話を聴聞し（多くは法華経談義）、経文を書写し、幕府で儀式が行なわれる時には常に参加している。義政はまた神社も訪れ、神道を深く崇拝している。芳賀の記した年表を見ると、義政には政治のために割く時間がほとんどなかったのではないかという印象を受ける。芳賀の年表は、相国寺の鹿苑院蔭凉軒主の公用日記『蔭凉軒日録』から抄出したものである。

（4）これらの歌は、芳賀『東山文化の研究』四三三ページに引用されている。

（5）同右四三八～四三九ページ参照。

（6）『往生要集』（「日本思想大系」六）一〇ページ。

（7）芳賀、前掲書四五二ページ。

（8）同右四五三ページ。

（9）笠原一男『蓮如』一三三ページに引用されている。

（10）芳賀『東山文化の研究』四〇一ページ参照。

（11）Thornhill, Arthur H., *Six Circles, One Dewdrop*, p. 10.

（12）和歌と能の二つの芸術の関係について論じた短い『六義』は、世阿弥の作品かどうか疑問視されている。

（13）音阿弥は、観阿弥・世阿弥・音阿弥三代の最後の代にあたる。世阿弥の名前は伝統的に「ぜあみ」と発音されていたが、のちに学者が三人の名前の頭文字の組み合わせが「観世音」になることに気づき、「せあみ」ではなく「ぜあみ」と発音されるべきではないかと推論した。元重が「音阿弥」の名を与えられたということは、世阿弥の後継者と期待されていたことを示している。元重の「元」は、元清（世阿弥の本名）、元雅（世阿弥の長男の名前）と同じで、これまた彼が観世流の座長として世阿弥の後を継ぐのを期待されていたことを示している。堂本正樹『世阿弥』二〇二ページ。

(14) 三郎という名前は、観阿弥、世阿弥に次いで観世流家元の三代目となるはずだったことを示唆するものである。三郎は、元服の際に「元重」の名をもらった。

(15) 義政の一族にも同様の状況があったことが思い起こされる。もはや子に恵まれないと思った義政は、弟の義視を養子に迎えて自分の後継者に定めた。しかし結局、妻の富子が息子の義尚を産んだ。

(16) 堂本、前掲書三五二ページ参照。

(17) 一子相伝として知られるこの慣習は、さまざまな伝統芸術の世界でいまだに守られている。

(18) 禅竹のものとされる作品の一覧は、西野春雄「禅竹の能」(『岩波講座　能・狂言』第三巻)二〇七～二〇九ページ参照。西野は禅竹の作とされる能作品を、紛れもなく禅竹作と信じられるもの(『芭蕉』)から、禅竹作の「可能性もある」ものまで、その蓋然性の高さの度合いに応じて四種類に分けている。

(19) Thornhill, *op. cit.*, p. 19.

(20) 義政は、寛正六年(一四六五)に春日神社参詣の際、音阿弥が禅竹と共演した舞台を見ている。河竹繁俊『日本演劇全史』一五二ページ。

(21) 堂本、前掲書三七一ページ参照。

(22) 同右四七一ページ参照。

(23) 同右四七二ページ。

(24) 同右五三六ページ参照。

(25)　同右五六九ページ参照。
(26)　同右五七〇ページ。
(27)　同右五七五ページ。
(28)　Keene, Donald, *No, the Classical Theatre of Japan*, p. 73. 蜻蛉の模様のついた法被と今一つの豪華な長絹（長袖の法被）は、本書口絵六ページを参照。後者はもともと義政が金剛流に与えたもので、近年になって織り直された。

あとがき

『明治天皇』の連載を終えた少し後、当時中央公論新社の会長だった嶋中雅子さんと話していたら、次の本を是非社のために書いてくれ、と頼まれた。

連載が七年にもわたる長大なものだったこともあり、すぐには乗り気になれなかったが、一応「どんな本がいいでしょうか」と訊ねてみたら、「日本の心はどうでしょう」という御返事が返ってきた。

「日本の心」という表現は何回も聞いたことがあった。しかし、具体的には何を指しているのだろうか。何世紀も前から形成された日本人の好み、ないし趣味と解釈してもよかったか。それとも、現在の日本人にとって最も大切な伝統だろうか。あるいは日本の文化の中にあって、外国の文化にない要素を指すのだろうか。それを考えることは、難しいけれども心惹かれるテーマだと思われた。

日本の文化の特徴は、その風土——山や河や気候などに帰するという意見がある。風土は確かに文化に大きな影響を与えるだろう。日本の海や河は美しく、人々に危害を加えるものではないから、万葉の歌人は魚や海草さえも、歌の中で取り上げることがある。

一方、中国では海や河は美しいとはされず、畏れるべきものであるから、それらに対する愛情もあまり漢詩には出てこない。

しかし、美しい海や河が日本の風土の特徴であるとはいえ、現在の日本人の生活において目立った役割をもたなくなってしまっている。人々が好む魚料理も温泉も、「日本の心」とは言えないだろう。

日本の美術について、ハニワから現代美術にいたるまで、連綿とつながる伝統があると指摘する人々もいる。確かにハニワは、イサム・ノグチの彫刻を思わせるが、長い間、ハニワが忘却されていたことを考慮すれば、どこかで伝統は途切れたのではないかと思う。いずれにせよ、ハニワが「日本の心」だとは考えにくい。

平安朝は、日本の伝統的な文化の最高峰だと思うが、現在との有機的なつながりは感じない。『源氏物語』はすばらしいが、その世界は今の日本とは懸け離れている。

それでは、「日本の心」はどこを出発点としたか。東山時代こそ、その母体ではなかったか。四十年前に、京都の埃っぽい古本屋で、芳賀幸四郎の『東山文化の研究』を三百円で買ったことがある。買い得だと喜んだが、実は一度も中身を覗いたことがなかった。

このたび、あらためて読んでみると、私の直感を裏付ける資料があって嬉しくなった。応仁の乱は古い文化の終焉を告げ、そのすぐ後に興った東山文化が「日本の心」を培ったのである。マンションに住んでいる現在の日本人も、床一面に畳を敷いた部屋に入り、床の間には水墨画と生け花、四角い柱に明かりを入れる障子、違い棚などがあるのを見れば、心が落ち着くに違いない。これらは全部、東山時代に始まりがあり、東山時代のものが最高だろう。

東山時代を書く場合、足利義政のことはどうしても避けて通るわけにいかない。義政の評判は芳しくないが、私としてはそれゆえますますこの人物に惹かれたのである。欠点も数多いが、美に関しては誤りがなかったし、応仁の乱で破壊された日本文化の土壌に、新しい美意識を植え付け、それは貴族にとどまらず、すべての日本人の美的生活に貢献したからだ。

本書が足利義政を再評価することにつながれば嬉しいと思う。

二〇〇二年十二月八日

ドナルド・キーン

参考文献

史料

石田瑞麿校注『源信』(「日本思想大系」六) 岩波書店、一九七〇年

木藤才蔵、井本農一校注『連歌論集 俳論集』(「日本古典文学大系」六六) 岩波書店、一九六一年

佐竹昭広、久保田淳校注『方丈記 徒然草』(「新日本古典文学大系」三九) 岩波書店、一九八九年

千宗室編纂代表『茶道古典全集』淡交新社、一九五七〜六二年

続群書類従完成会編『応仁記』(「群書類従」第二十輯、巻第三百七十六) 群書類従刊行会、一九五二年

続群書類従完成会編『応仁別記』(「群書類従」第二十輯、巻第三百七十八) 群書類従刊行会、一九五二年

続群書類従完成会編『嘉吉物語』(「続群書類従」第二十輯上、巻第五百七十七) 群書類従刊行会、一九五七年

続群書類従完成会編『小夜のねさめ』(「群書類従」第二十七輯、巻第四百七十六)、群書類従刊行会、一九五五年

続群書類従完成会編『新撰長禄寛正記』(「群書類従」第二十輯、巻第三百七十五) 群書類従刊行会、一九五二年

竹内理三編『碧山日録』(「増補続史料大成」第二十巻) 臨川書店、一九八二年

久松潜一、西尾實校注『歌論集 能楽論集』(「日本古典文学大系」六五) 岩波書店、一九六一年

山岸徳平校注『五山文学集 江戸漢詩集』(「日本古典文学大系」八九) 岩波書店、一九六六年

山岸徳平校注『源氏物語』一 (「日本古典文学大系」一四) 岩波書店、一九五八年

研究書・論文など

熱田公「日野富子研究の問題点」(「歴史研究」第三五三号、一九九九年九月) 新人物往来社

今谷明『足利将軍暗殺』新人物往来社、一九九四年

今谷明『日本国王と土民』(「日本の歴史」九) 集英社、

一九九二年
今谷明『戦国大名と天皇』福武書店、一九九二年
『岩波講座 能・狂言』Ⅲ、岩波書店、一九八七年
おおのいさお『東山文化と民衆』評論社、一九七〇年
太田清史『香と茶の湯』淡交社、二〇〇一年
太田博太郎『日本建築の特質』(「日本建築史論集」1)岩波書店、一九八三年
太田博太郎『書院造』(「日本美術史叢書」第五巻)東京大学出版会、一九六六年
小川信『山名宗全と細川勝元』(「日本の武将」二五)人物往来社、一九六六年
笠原一男『蓮如』講談社学術文庫、一九九六年
亀井勝一郎『室町芸術と民衆の心』文藝春秋、一九六六年
河合正治『足利義政』清水書院、一九七二年
川上貢『銀閣寺』中央公論美術出版、一九七七年
河竹繁俊『日本演劇全史』岩波書店、一九五九年
京都市編『近世の胎動』(「京都の歴史」3)学藝書林、一九六八年
ドナルド・キーン『古典の愉しみ』大庭みな子訳、JICC出版局、一九九二年
ドナルド・キーン『日本人の美意識』金関寿夫訳、中央公論社、一九九〇年
ドナルド・キーン『日本文学の歴史』古代・中世篇 土屋政雄訳、中央公論社、一九九四~九五年
ドナルド・キーン『百代の過客』金関寿夫訳、朝日新聞社、一九八四年
熊倉功夫『茶の湯の歴史――千利休まで』朝日選書、一九九〇年
桑田忠親編『足利将軍列伝』秋田書店、一九七五年
桑田忠親『日本茶道史』河原書店、一九五八年
桑田忠親『山上宗二記の研究』河原書店、一九五七年
小林千草『応仁の乱と日野富子』中公新書、一九九三年
小松茂美編『二玄社版 日本書道辞典』二玄社、一九八七年
笹川種郎『東山時代の文化』創元社、一九四三年
柴田秋介撮影、宮上茂隆解説『金閣寺・銀閣寺』(「日本名建築写真選集」第十一巻)新潮社、一九九二年
志村有弘『応仁記』(「日本合戦騒動叢書」二)勉誠社、一九九四年
鈴木良一『大乗院寺社雑事記』そしえて、一九八三年

高橋修「日野（裏松）重子に関する一考察――その政治介入を中心として」（「国史学」第一三七号、一九八九年四月）
田中英道『日本美術全史』講談社、一九九五年
田中義成『足利時代史』講談社学術文庫、一九七九年
堂本正樹『世阿弥』劇書房、一九八六年
永原慶二『下剋上の時代』（「日本の歴史」一〇）中央公論社、一九六五年
永島福太郎『応仁の乱』（日本歴史新書）至文堂、一九六八年
中村直勝『東山殿義政私伝』河原書店、一九七〇年
日本史研究会史料研究部会編『中世の権力と民衆』創元社、一九七〇年
能勢朝次著作集刊行委員会編『能勢朝次著作集』思文閣出版、一九八一〜八五年
芳賀幸四郎『三条西実隆』（人物叢書）吉川弘文館、一九六〇年
芳賀幸四郎『中世禅林の学問および文学に関する研究』日本学術振興会、一九五六年
芳賀幸四郎『東山文化』塙書房、一九六二年
芳賀幸四郎『東山文化の研究』河出書房、一九四五年
林屋辰三郎『近世の黎明』（「日本史論聚」4）岩波書店、一九八八年
平野宗浄『狂雲集全釈』上、春秋社、一九七六年
二木謙一『中世武家の作法』（日本歴史叢書）吉川弘文館、一九九九年
松原茂解説『室町 足利義政 百首和歌』（日本名跡叢刊）二玄社、一九七九年
森田恭二『足利義政の研究』（「日本史研究叢刊」三）和泉書院、一九九三年
守屋毅『京の芸能』中公新書、一九七九年
山根有三『花道史研究』（「山根有三著作集」七）中央公論美術出版、一九九六年
横井清『看聞御記』そしえて、一九七九年
横井清『中世を生きた人々』福武文庫、一九九一年
横井清『東山文化――その背景と基層』平凡社ライブラリー、一九九四年
吉見周子編『日野富子のすべて』新人物往来社、一九九四年
吉永義信『日本の庭園』（日本歴史新書）至文堂、一九五八年
吉村貞司『日野富子』中公新書、一九八五年

脇田晴子『室町時代』中公新書、一九八五年

海外文献

Carter, Steven D., *Literary Patronage in Late Medieval Japan*. Ann Arbor : Center for Japanese Studies, The University of Michigan, 1993

Carter, Steven D., *Regent Redux*. Ann Arbor : Center for Japanese Studies, The University of Michigan, 1996

Cooper, Michael, *They Came to Japan*. London : Thames and Hudson, 1965

Elison, George and Smith, Bardwell L., *Warlords, Artists, and Commoners*. Honolulu : The University Press of Hawaii, 1981

Fitzgerald, C. P., *China : A Short Cultural History*. NewYork : Appleton-Century, 1938

Fong, Wen C. and Watt, James C. Y., *Possessing the Past*. New York : Metropolitan Museum of Art, 1996

Hall, John Whitney and Toyoda Takeshi, *Japan in the Muromachi Age*. Berkeley : University of California Press, 1977

Hall, John W. and Mass, Jeffrey P., *Medieval Japan : Essays in Institutional History*. Stanford : Stanford University Press, 1988

Keene, Donald, *No, the Classical Theatre of Japan*. Tokyo : Kodansha International, 1966

Phillips, Quitman E., *The Practice of Painting in Japan, 1475-1500*. Stanford : Stanford University Press, 2000

Ramirez-Christiansen, Esperanza, *Hearts Flower : The Life and Poetry of Shinkei*. Stanford : Stanford University Press, 1994

Rimer, J. Thomas and Yamazaki Masakazu (trans.), *On the Art of the No Drama*. Princeton : Princeton University Press, 1984

Sansom, George B., *A History of Japan, 1334-1615*. Tokyo : Tuttle, 1974

Thornhill, Arthur H. III., *Six Circles, One Dewdrop*. Princeton, NJ : Princeton University Press, 1993

Varley, H. Paul, *The Onin War*. NewYork : Columbia University Press, 1967

Varley, H. Paul and Kumakura Isao, *Tea in Japan*. Honolulu : University of Hawaii Press, 1989

Wang Yi-Tung, *Official Relations between China and Japan 1368-1549*. Cambridge : Harvard University Press, 1953

Watson, Burton (trans.), *Records of the Grand Historian of China*, 2 vols. New York : Columbia University Press, 1961

本書は、「中央公論」二〇〇一年四月号から二〇〇二年三月号まで連載された「足利義政と銀閣寺」に加筆訂正をほどこしたものです。

カバー　　萌黄地竹屋町菱蜻蛉単法被
（金子桂三撮影、観世宗家所蔵）
装幀・口絵レイアウト　　中央公論新社デザイン室

索　引

索　引

タ　行

索　引

ア　行

著者略歴

ドナルド・キーン　Donald Keene
1922年ニューヨーク生まれ。コロンビア大学、同大学院、ケンブリッジ大学を経て、53年に京都大学大学院に留学。現在、コロンビア大学名誉教授、アメリカ・アカデミー会員、日本学士院客員。文化功労者。勲二等旭日重光章受章。菊池寛賞、読売文学賞、毎日出版文化賞など受賞多数。
主な著書に『日本人の西洋発見』(中央公論社)、『日本との出会い』(中央公論社)、『百代の過客』(朝日新聞社)、『日本文学の歴史』(中央公論社)、『明治天皇』(新潮社)などがある。

訳者略歴

角地幸男 (かくち・ゆきお)
1948年東京生まれ。早稲田大学文学部卒業。ジャパンタイムズ編集局勤務を経て、現在、城西大学女子短期大学部助教授。
主な訳書にドナルド・キーン著『日本文学の歴史』『明治天皇』などがある。

足利義政《あしかがよしまさ》　日本美《にほんび》の発見《はっけん》

二〇〇三年一月一五日　初版印刷
二〇〇三年一月二五日　初版発行

著　者　ドナルド・キーン
訳　者　角地幸男
発行者　中村　仁
発行所　中央公論新社
郵便番号　一〇四-八三二〇
住所　東京都中央区京橋二-八-七
振替　〇〇一二〇-五-一〇四五〇八
電話　販売　〇三-三五六三-一四三一
編集　〇三-三五六三-三六六八

本文印刷　精興社
カバー・口絵印刷　大熊整美堂
製　本　大口製本印刷

ISBN4-12-003357-0 C0021 Printed in Japan　定価はカバーに表示してあります。

ドナルド・キーン著　既刊より

日本との出会い

篠田一士訳

日本の文化と風土をこよなく愛し、広く海外に日本の文学を紹介しつづけてきた著者が、日本の心との出会いの数々を心暖まる文章に描きつくした初の自伝的エッセイ

単行本・文庫

中央公論新社刊

ドナルド・キーン著　既刊より

日本人の美意識

金関寿夫訳

芭蕉の「枯枝に…」の烏は単数か複数か、無個性な日本の肖像画の中でなぜ一休像だけがユニークなのか、日清戦争が及ぼした文化的影響とは何かなど、独創的な日本論集

単行本・文庫

中央公論新社刊